JN198318

講談社選書メチエ

823

黒いイギリス人の歴史

忘れられた2000年

平田雅博

MÉTIER

はじめに――「白いイギリス人」と女王様の国で

語学研修や観光旅行でイギリスに一時滞在して帰国したばかりの大学生に、滞在先の感想を聞いてみると、真っ先に挙げる一つは「白人の国とばかり思っていたのに、街を行き交う人びとには黒人が多く意外だった」という驚きである。「行く前から知っていた」という学生ももちろんいたが、多くはイギリスといえば白人の国というイメージを抱いていたが、その思い込みはいったんこの国に足を踏み入れるとたちまち払拭されてしまったことを吐露していた。

同様なことは学生たちばかりか研究者にあっても散見される。英語英文学者の山岸勝榮は、イギリス滞在を経て「私が知ったイギリスとイギリス国民は、私が半ば「強制的」に植え付けられていたイメージの国や国民とは大きく異なって」いたことに気づいた。その契機となったのは、滞在中に遭遇した一九八一年のロンドン・ブリクストンの黒人による大規模な人種暴動であった。「学生時代の私にとって」「イギリスと言えば"England"のことであり、イギリス人と言えば「アングロ・サクソン人」もしくは「白系イギリス人」のことであった」という。[1] イギリスといえば「白いイギリス人」の国だったことになろう。

また歴史家の富岡次郎は「わが国の戦後では、イギリス史研究が非常に進展し」て、資本主義、福祉社会、労働運動、労働党などの「プラス面のみを強調してきたが」、移民労働者の役割を無視してきた、と一九八八年発行の著書で指摘した。それどころか「イギリス資本主義社会における移民労働者の存在に気づかなかった」「イギリス労働運動史研究の主流には現在においても移民とくにカラード移民に関する視角が全く欠落している」と述べるにも至っている。一九七四年に氏が滞在したのはロンドンの移民密集居住区の一つカムデン区で「私は当初、イギリスにどうしてこんなに多くの移民がいるのかという疑問をもった」し、イギリスが「多民族国家」であることを知る人は「わが国では少ないと思う」とも記している。[2]

上記の山岸は半ば「強制的」に植え付けられたイギリスのイメージとしてもう一つ「イギリスはまた「女王様」の国」であることも付け加えている。一般の日本人にとっても、こちらの「女王様」の国とのイメージは「白いイギリス人」の国とのイメージよりも強いかもしれない。

ただごく近年になってそのイギリス王室内部の「黒い肌の色」の問題が出てきた。二〇二二年九月に亡くなった、女王様の国を体現していたエリザベス二世（在位一九五二〜二〇二二年）の跡を継いだ現国王チャールズの次男であるヘンリー王子の妻メーガン妃は、白人の父と黒人の母を両親とする。メーガン妃は長男を妊娠中に、王室内で「肌の色がどれだけ濃いのかという懸念がある」とのやりとりがあったと、二〇二一年にアメリカのテレビ番組で述べた。

もう一つ王室と黒人との関連を示すのは、二〇二三年五月のチャールズ国王の戴冠式の前に流れた、王室と奴隷制度の関わりの研究に、はじめて王室が支持を表明したというニュースであった。王立アフリカ会社は一七世紀後半から一八世紀初めにかけて、アフリカから十数万人もの黒人奴隷を運んだ。こうした王室が関わった奴隷貿易の過去の研究に資するよう、王立公文書館へのの歴史家のアクセスを認めるというものである。[3]

前者はいまは王室メンバーから離脱したヘンリー王子の子供の「肌の色の濃さ」の問題、後者はかなり前の過去に王室が関与した奴隷貿易の商品となったアフリカの黒人をめぐる問題である。その王室が関与した王立アフリカ会社は本書でも触れる。

以上より、本書は、戦後のカラード移民ばかりかそれ以前の長い歴史の中でイギリスに存在した黒人に関連するさまざまな素材をとりあげて、「白いイギリス人」と女王様の国というイメージとはかなり異なる歴史像を提示しつつ検討するものである。

黒いイギリス人の歴史◉目次

Contents

Black British

2000-Years of Their Forgotten History

序章

「黒いイギリス人」とは誰か

Introduction

Who is “Black British”?

長期にかつグローバルに

本書が対象とするのは「黒いイギリス人」の歴史である。「黒いイギリス人」ないし「黒人のイギリス人」とはBlack Britishの訳語で、『オックスフォード英語辞典』によると「黒人、ないし非白人の人種的起源を持つイギリス人」である。またこの言葉は、直近の二〇二一年の国勢調査で新たに設けられた民族・人種集団のカテゴリーである「黒人、黒人のイギリス人、黒人のウェールズ人、カリブ人ないしアフリカ人（原語はBlack, Black British, Black Welsh, Caribbean or African）」の中の一つとして登場している。

多くの日本の人びとにとって、イギリス人といえば「白系イギリス人」である。「白い」と「イギリス人」はすんなり結びつき、「白いイギリス人」はごく当たり前の言葉として受け止められている。これは日本の人びとにとどまらずイギリスの人びとにもあてはまろう。

一転して「白いイギリス人」と対照的な「黒いイギリス人」という言葉に関しては、多くのイギリスの人びとにとって、「黒い Black」と「イギリス人 British」はなかなか結びつかず、「イギリス人」に「黒い」という形容詞を付けるのは、どう見ても奇妙で違和感がある言葉とも見なされてきた。[1]「黒いイギリス人」の存在を認めるイギリスの数少ない人びとにとっても、その存在はごく最近のこと、第二次世界大戦後のことにしかすぎない。『オックスフォード英語辞典』が挙げる、この言葉の最初の用例も一九六六年である。

一方、「黒いイギリス人」という日本語は、木畑洋一の著書『支配の代償』（一九八七年）に登場する。木畑は同書の第6章「「黒いイギリス人」とイギリス社会」のなかで、第二次世界大戦後の西インド諸島からの移民を「黒い（褐色の）イギリス人」と呼び、この連邦から移民してきた「黒いイギリス人」という「内にとりこまれた帝国問題」への対処が「これから先、二一世紀にかけてのイギリスにとって、その命運を左右する問題のひとつ」となると、述べた。[2]

こうした日英の双方における「黒いイギリス人」という言葉の使われ方を踏まえると、黒いイギリス人の歴史は、第二次世界大戦後の一九四八年、西インド諸島からの移民をロンドンに運んだウィンドラッシュ号の到着から始まったとの見方に結びつくことがあった。現に、これは、戦後移民数が空前の規模に達したために今日でも有力なものである。ただ、こうした見方が問題となるのは、第二次世界大戦後に力点を置くあまり、それ以前からいた黒いイギリス人の歴史の重要性が奪われかねず、戦後以前のより遠くの過去への視点を失ってしまう可能性もあることである。

本書の第1章冒頭で触れるように、イギリスには古代ローマ期のアフリカ人が兵士やその家族として滞在していた。つまり、彼らは五世紀に来訪したといわれる「アングロ・サクソン人」よりも先に到着していたことになろう。もちろん、現王室の開祖が一〇六六年にフランスから上陸したノルマンディー公ウィリアムとすれば、彼らよりも先に来ていたことになる。黒いイギリス人のルーツを求めるならば、中世どころか、古代までさかのぼる長期的な歴史の中で考える必要があり、長期的な考察が本書の課題となる。

こうした長期的な視点、第二次世界大戦後に限らず戦前にも視野を及ぼす長期的な考察は大いなる課題となるものの、今度はそれが国内に限定されるあまり、黒いイギリス人の歴史とはもっぱらイギリス国内に移住してきた黒人の歴史であるとの考え方が固定化されてしまう恐れも生じている。

じっさい、「黒人史」といえば、ほぼ自動的に連想されるアメリカ黒人史ではもっぱらアメリカ国内＝内側から論じられることが多い。もちろん国内レベルでのアメリカ黒人の社会経済史は多くの成果を生み出してきたし、私たちがそこから学んだことも膨大である。しかし「黒いイギリス人」の歴史は「アメリカ黒人の歴史」とはさまざまな点で異なっている。もっとも異なる点は、黒いイギリス人の歴史は国内史にとどまらず、東西にわたる広大な帝国に視野を広げて考察する必要があることである。ここに「イギリス黒人」ではなく「黒いイギリス人」という言葉を用いる意図がある。

三大陸にわたるイギリス帝国の観点

だからといって、ここでイギリスとアメリカを分断してしまうのではなく両者のつながりを認識する必要もある。つい近年の二〇二〇年にアメリカで発した「ブラック・ライヴズ・マター（黒人の命も大事だ）」運動は世界に波及し、イギリス各地にも押し寄せた。イングランド西部のかつての奴隷貿易港の一つであったブリストルでは、奴隷貿易商人エドワード・コルストンの像が反人種差別のデモ隊によって海に放り込まれたりもした。

こうした今日的な状況や運動を前にして、英米のつながりをはじめとする世界的な奴隷貿易の広がりや、その歴史を顧みる人びとも出ている。また従来アメリカ黒人史を国内だけにとどまらせずに、国外とくにアフリカや奴隷貿易との関連で論じる人びともいる。こうした姿勢こそ、グローバルな視点をとろうとする本書の問題意識と連携する。

アメリカ黒人史を他地域、とくにイギリスとの関係をたえず念頭において見ていくことは大事である。たとえば、アフリカからアメリカへ黒人を運んだ大西洋奴隷貿易の主導者の一員となっていたのはイギリスである。現に北アメリカ諸港のチェサピークやチャールストンにアフリカから黒人奴隷を運んだ輸送船の多くは、イギリスのブリストル、ロンドン、リヴァプールを母港としていた。[3]

大西洋奴隷貿易はイギリス、アメリカ、アフリカを結び付ける三角貿易である。ここでのアメリカとはジャマイカを中心とするカリブ海諸島も含まれる「アメリカ世界」である。アメリカ黒人は、カリブ海諸島の黒人とともに、この三角形のアフリカからアメリカへの一辺から生み出された。こうした意味では、アメリカ黒人を作り出した主役の一人はイギリスであったともいえる。こうした観点から、本書では随所でこのようなアメリカとの関連にも触れていく。

長期的な視点とともに、本書でとろうとするグローバルな視点は、国内への移住にとどまらず、アメリカ世界との関係、さらにそれも超えて、黒人の供給源、逆に黒人の送還先ともなる西アフリカのシエラレオネを中心とするアフリカを組み込んでいく必要に由来する。黒いイギリス人の歴史をアフリカ、アメリカ、ヨーロッパの三大陸にわたるグローバルな物語であると見ようとするならば、これらの三つを結ぶトライアングルな連関をつねに意識する必要がある。

この連関を言い換えるとするとそれはイギリス帝国史の枠組みとなる。黒いイギリス人はイギリス国内に存在し続けた少数の黒人にとどまらず、たえずこの三角形をたどっていくようにアメリカ世界やアフリカから流入したり、流出したりし続けた。グローバルないしイギリス帝国の観点はこうした内外にわたる黒人のイギリス人の歴史をとらえるのに有効な視点であろう。

階級から人種への着目

一八世紀の最初の工業国家、一九世紀の日の沈むことなき空前の大帝国、二〇世紀の二つの大戦に勝利した軍事大国、第二次世界大戦後の福祉大国と、これらの様々な意味での大国イギリスの成立や発展の多くは、上流・中流階級であれ労働者階級であれ白人が担い貢献したものとして歴史研究の対象となってきた。それにひきかえ、こうした大国イギリスの成立や発展への貢献度の低さゆえに、黒人が無視されるか忘れ去られるかして主流の歴史研究の対象にもなりにくかったことは疑いなかろう。言い換えれば、イギリスの社会と歴史は、もっぱら階級の観点から研究され、その分、人種問題への着目がおろそかにされた。

現在において、こうした人種の観点からイギリスの歴史を見ることの意味は、すでに触れている「ブラック・ライヴズ・マター」運動の他にも、誰の目にも付くところでは、黒人ないし非白人の政界トップへの登場からも生じている。二〇二四年三月に、ウェールズ自治政府でザンビア生まれのボーン・ゲシングという初の黒人首相の誕生により、イギリス国内の四つの首相職をすべて「白人男性以外」が務めることになった。四つの首相職とはこのウェールズ首相に加えて、イギリス首相のインド系のリシ・スナク（在任二〇二二年一〇月二五日〜二〇二四年七月五日）、またスコットランド自治政府首相のパキスタン系のハムザ・ユーサフ（在任二〇二三年三月二九日〜二〇二四年五月七日）、さらには北アイルランド自治政府首相の女性のミシェル・オニール（在任二〇二四年二月三日〜）の合わせて四人である。インド系、パキスタン系は後でも触れるように同じ入移民ながら黒いイギリス人とは区別される。

ただ、これらの四人の出身政党（以上、順に労働党、保守党、スコットランド国民党、シン・フェイン党）はすべて異なっていたばかりか、二四年七月初旬の総選挙によるスナク首相の退陣、七月中旬のウェールズ首相の辞任表明で四つそろって首相職が白人男性以外だった期間もごく短期間にとどまった。だが、ヨーロッパ全域で移民の規制や排除を志向する極右を含めた右派が台頭する目下の状況では、四ヵ月というごく短期間ながらウェールズの移民＝黒人首相の出現は、自らが自負し、イギリス新首相キア・スターマーも言うように「ヨーロッパ初の黒人指導者」として注目してもよいだろう。[4]

黒いイギリス人の歴史に関心を持っていくもう一つの意味として、あえて現代日本からの観点も挙げるとすれば、バスケットボール、テニス、短距離走、野球などのスポーツ選手やテレビ等に登場する芸能人といった、黒人の日本人の存在と活躍との関連もあるかもしれない。そのうちの一人である、カメルーン生まれの漫画家の星野ルネが「僕の物語で、概念広げたい」というタイトルの記事で「生まれた場所や血統を超えて、人間は得られるものがある」「もっと「日本人」を冒険してほしい」と言うように、[5]彼らの存在は日本人なるものを再考させている。黒いイギリス人がイギリス人の概念を広げるように彼ら彼女らの活躍は日本人の概念を広げる。ここでこの両者は交錯する。

人種、少数派を扱うために

以上、現代イギリスと現代日本という内外の状況も踏まえて、本書がめざすのはこれまでの階級の観点も生かしつつも、人種の観点をも全面的に導入して、イギリス社会や政界の頂上にのぼりつめた黒人ではなく、低度ではあるもののひそやかに社会に貢献した黒人の歴史的な実態を明らかにすることである。たとえば、従僕、奴隷、兵士としての国内や帝国への貢献である。しかし多くの黒人は、戦争に参戦したのにそれにふさわしい恩恵が与えられず、戦勝パレードにも招待されず、記憶にも残されなかった。また、福祉の対象になっているのに介護サービス等が行き渡らないなどということもあった。こうした事例は、イギリスが築き上げた帝国や大国としてのありようにひずみや歪みが出ているという問題もあぶり出してくれる。

ただし、歴史は何より多数派によって作られるものであり、その過程での少数派の役割などほぼないか、あったにしてもたかが知れたものと見なす人びとも多く存在する。彼らにとって、黒人の歴史に目を向けること自体が疑問でありひいては意味のないことになろう。ここでも、黒いイギリス人はその歴史全体を通じて紛れもない少数派であること、イギリスの国家や社会は圧倒的な多数派である白人が構築したことを認めよう。その上で、ここで問うのはこうした少数派が多数派の構築した国家や社会のありようを問う材料を与えてくれることである。すなわち、歴史上の少数派への着目によって、これまでの多数派を中心に築かれた歴史像を見つめ直す契機となることもあろう。

人数こそわずかにとどまる少数派とはいえ、イギリス黒人はおとなしく目立たない存在ではなかった。それどころか、一六世紀にその到着や存在が認められるとほぼ同時に、人数はつねに誇張されて増幅されたばかりか、自分たちの仕事を奪われる、はたまた女性を奪われると白人社会の恐怖や憎悪の対象となり、二〇世紀になってからも移民は暴力を引き起こし街路は「血の川」となるとか、民主主義と法に貢献するイギリス人が入移民に「押し潰される」などと、イーノック・パウエルやマーガレット・サッチャーといった保守政治家たちの表明がなされ、畏怖され続けた。

とはいえ、しょせん少数派は弱者で敗者、多数派は強者で勝者に他ならない。強者が勝者となって発動する権力の一つは強者としての記録を残し後世に伝えようとする力である。そのあおりで弱者は当然のように消されるか、せいぜい強者が記述した記録を通じてしか残されなくなる。かくして、過去の少数派の存在を確かめようとする後世の歴史家は、多数派の権力側の文書の中に消されたはずの少数派の声を読み取ろうと苦闘する。

本書で使用する史料には黒人男女の自叙伝や聞き取り調査といった直接声が聞ける史料もあるが、多くは多数派を軸に据えた、議会、政府、省庁、新聞等の権力側の文書である。ただこうした権力側の文書といえども、ていねいに読み取っていけば消されたはずの少数派の存在が浮かび上がるときもある。移民や移住や帰郷の希望、逃亡する動機、戦争に参戦する意志、はたまた交際や結婚をして家族を持とうとする意志といった黒いイギリス人の主体性のありかすらも見えてくるのである。本書で終始心がけるのは、権力のなすがままに翻弄されてきた少数派としての黒いイギリス人を見ることで、みずからの主体性を発揮しようとした歴史への着目である。

ここで、本書で使用する基本的な英単語の訳語の注記をしておく。すでに試みているように「黒いイギリス人」「黒人のイギリス人」とは Black British の訳語であり、これと類似する「イギリス黒人」「在英黒人」とは black people in Britain の訳語である。「イギリス」は Britain や British の、「イングランド」は England や English の訳語である。「イギリス帝国」は British Empire の訳語である。「英」は Britain の訳語となったり England の訳語となったりするがここでは Britain の訳語とする。以上の言葉も含めて、moor, nigger, coloured などの言葉の意味はすべて『オックスフォード英語辞典』を参考にした。

本書は「黒人」や「人種」に関する問題を扱うために、侮蔑的ないし差別的と思われる表現も頻繁に出てくる史料を使い引用もするが、差別意識の助長に加担するものではない。本書は、事実立脚性と論理整合性に基づき、反証可能性を絶えず提示する科学としての歴史学を擁護する立場にある。[6]

第１章

最初の来訪者たち

ローマ帝国期から近世まで

Chapter 1

First Visitors

1　黒いイギリス人のルーツ

イングランド人よりも先に来ていた

グレート・ブリテン島とアイルランド島、およびその周囲の島々からなるイギリス諸島の人びととアフリカの人びとがはじめて出会ったのは、イギリスが「ブリタニア」と呼ばれていたローマ帝国の一属州だったころ、二世紀から三世紀にかけてであった。複数の大陸にまたがって広がっていたローマ帝国は、多民族多人種からなる大帝国であり、ブリタニアはその一部を構成する北の辺境の肌寒い一属領にすぎなかった。

イギリスがアフリカと関わった時期として、もっともイメージしやすいのは一九世紀末のいわゆる「帝国主義」の時代、ヨーロッパ列強によるアフリカ分割の時代に幾千人ものイギリス人がアフリカに兵士として進出し領土とした時代であろう。とすると、この古代ローマ期の両者の出会いは一九世紀末からさかのぼること一七〇〇年から一八〇〇年ほども前のことになり、その際、イギリスは一九世紀末にアフリカを植民地化して植民者になったのとは逆にローマによって植民地化された被植民者であったことになる。

両者の出会いとして次に連想しやすい時期は、イングランド人船員がサハラ以南のアフリカの岸辺にはじめて到着したと思われる一六世紀の半ばである。この大航海時代の時期と比較しても、こうしたアフリカ系ローマ人は、一六世紀半ばからさかのぼること、ゆうに一三〇〇年から一四〇〇年以上も前にイギリス諸島に到着していた。

さらにはここイギリス諸島には「イングランド人（the English）」が来る以前から「アフリカ人（Africans）」がいた。[1]このイングランド人が誰で、いつからいたのかについては議論があるところだが、イングランド人と言えばただちに同定されることの多い「アングロ・サクソン人（Anglo-Saxons）」だとすると、その到着よりもアフリカ系ローマ人の到着の方が早かった。アングロ・サクソン人は、世界史上のゲルマン民族の大移動として知られる移動の一つとして、五世紀頃にグレート・ブリテン島南部に到着したとされているからである。とすればアフリカ系の黒いローマ人の方がこのアングロ・サクソン人よりも二〇〇年から三〇〇年ほど前にイギリスに到着していたことになる。

もう一つ、「イギリス国民（British nation）」の形成は、一七〇七年のスコットランドのイングランドおよびウェールズへの併合を決めた合同法から、一八三七年にヴィクトリア朝期が始まるまでの間になされたという説が有力である。[2]一八世紀から一九世紀の前半にイギリス国民＝「イギリス人（the British）」が形成されたとすると、黒いローマ人はそれに先立つことおよそ一五〇〇年から一七〇〇年も前に来ていたことになる。

同位体分析による解明

近年、考古学上の調査等からは、最初期の黒いイギリス人として、「ビーチー岬のレディー」と呼ばれる女性がよく知られている。イングランドの南海岸にあるイーストボーンの考古学者は、その頭骨の特徴から、この女性はサハラ以南のアフリカ人であるとみなした。さらに二〇一二年、彼らは、

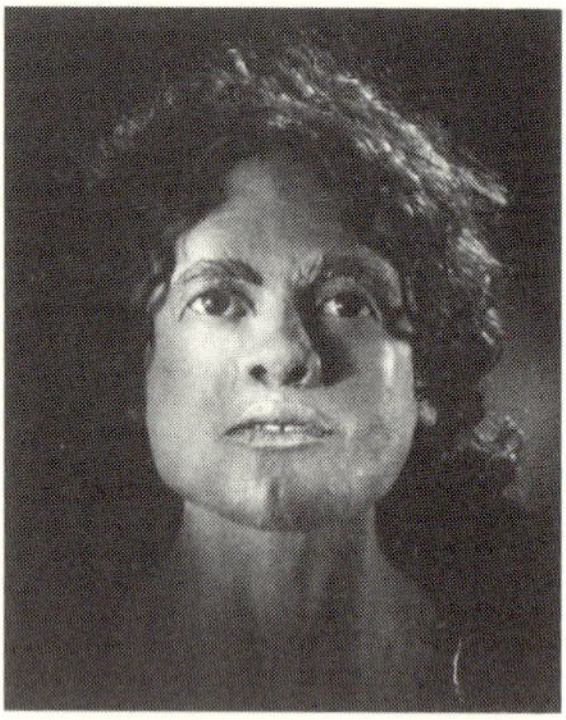

ビーチー岬のレディー。2～3世紀にイーストボーンで育ち死んだアフリカ系ローマ人の復顔。
David Olusoga, *Black and British : A Forgotten History*, Pan Books, 2017, p.2.

一九世紀末から一九九〇年代までに地元で発掘されていたいくつもの遺骨を放射性炭素年代測定法の作業にかけ、その一つであったこの女性が生存していた年代はおよそ一二五年から二四五年の間であるとした。

同位体分析は、彼女がイーストボーンで生まれたか、ローマ軍の一員たる父に同伴してアフリカから幼少期に連れてこられてこの地で育ったかしたこと、および死去時の推定年齢が二〇代の前半であり、魚や野菜をふんだんに摂取して青春期の栄養状態がよかったこと、歯の化学物質に含まれていた細部情報も示した。健康的な食事を享受していたこと、歯がよい状態にあったこと、墓に周到に安置された状態で発見されたという諸事実は、存命中に低い地位にあったわけでも奴隷として生きていたわけでもなかったとの示唆に行き着く。[3]

これより有名なのは「象牙の腕輪のレディー」の事例であろう。彼女は、三世紀のヨーク市民についての二〇〇体ほどの遺体の考古学的調査から姿を現した。おそらくもっとも重要な人物である。彼女は一九〇一年に、ヨークのどこにでもあるような通りの近くに埋められていた石棺の中から発見された。石棺には、二つの腕輪をはじめとする多くの贅沢な副葬品があった。こうした物品の存在は、彼女が、ローマ期ヨークで高い社会的地位についていた女性であったことを示唆するとともに、副葬品の出自の地理的範囲がイングランドからアフリカに及んでいたことから、彼女自身の祖先を示していた。

象牙の腕輪のレディーが死んでから一七〇〇年以上も後になる二〇〇九年に、その遺骨は同位体分析にかけられ、頭骨や骨格全体も正確に計測された。幼少期にとった食物や飲み物から堆積された化学的痕跡、頭骨の計測から、このローマ期ヨークで高い地位にあった市民は、北アフリカ系の女性であった可能性があること、本人か両親、あるいは祖父母のいずれかが地中海沿岸地域の北アフリカの出自であったことがわかった。死亡時の年齢は一八歳から二三歳までと推定されたが、死因は不明だった。

彼女が帝国を股にかけて移動していたことは、ビーチー岬のレディーと同様、ローマ軍と関係があった女性であることを示唆する。遠い属州に配属された男性に家族全員が同伴して移動したし、ヨークは重要な軍事的拠点だったからである。北アフリカの属州からイングランド北部の属州への移転は解明済みだし、他の事例も記録されてきた。彼女以外の遺骨についても引き続き研究が行われ、ローマ期のイギリスは今やこれまでの想定をはるかに超えた人種的多様性をもった社会だったことが明らかになっている。[4]

碑文や公文書の読解

以上は、近年の考古学や法医学における技術革命によって、ローマ期イギリスにおけるアフリカ系の人びとの存在をめぐる知識が予想外の驚くべき進歩を遂げた事例である。しかしながら、従来の歴史家の手法である碑文や公文書の読解によっても、アフリカ系ローマ人の一集団については知るところとなっている。[5]

ローマ期におけるアフリカ人の存在を記録している碑文と公文書の多くは、もっとも強力な守備隊が置かれたイングランドの北部にある、ハドリアヌスの防壁に沿って集中している。その一つは、一九三四年にカンブリアのイーデン川沿いのボーモントという小さな村で発見された祭台にあった碑文で、三世紀半ばにアバラヴァという近くにあったローマの要塞に「アウレリウースのムーア人」の部隊が駐留していた、と記録されていた。

アウレリウースのムーア人部隊は、おそらくローマ皇帝マルクス・アウレリウースの栄誉をたたえて命名され、現在ではリビア、チュニジア、アルジェリアといった諸国となっていて、とりわけ多様な人種が分散していた地帯を構成したローマ帝国の北アフリカ諸属領で徴募されていた。ボーモントで発見された碑文には、二人のローマ皇帝、ワレリアヌスとガリエヌスの名前があった。歴史家は、これにもとづいて碑文のおよその年代、ひいては、二五三年から二五八年までの間にローマ期のアフリカ人がイギリスに存在していたと確定できた。

アウレリウースのムーア人をハドリアヌスの防壁やアバラヴァの要塞と結びつける、もう一つの証拠は、『官職要覧』、すなわち「アバラヴァにいるアウレリウースのムーア人部隊の司令官」を含めて当地域を訪問した役人や高官を記載した、ローマ帝国の公文書である。[6]

ここでムーア人（Moor）という言葉を『オックスフォード英語辞典』で確認しておくと、もともとは今日のモロッコやアルジェリアの各地域に相当する地帯である、古代のモーリタニアの現地民ないし住人である。時代を下ると、北西アフリカに住む、ベルベル人やアラブ人の祖先を持つ、八世紀にスペインを征服したムスリムの一員を指すとある。ここでのムーア人は前者、本章で後出するシェイクスピア作品に出てくるのは時代が下る後者となろう。

以上のように、イギリスに定住し、ローマ軍の駐屯地で任務に就いていたローマ市民の中には、アウレリウースのムーア人や象牙の腕輪のレディーのように、ローマ帝国の北アフリカの諸属州の出身者の他に、ビーチー岬のレディーのように、帝国のゆるい境界をくぐり抜けてきた、サハラ以南のアフリカを出自とした男女もいたことになる。

中世の『マンデヴィル旅行記』

五世紀の西ローマ帝国の崩壊からその一〇〇〇年後のヨーロッパの大航海時代まで、イギリス諸島は、ヨーロッパの他の地域と同様、アフリカとそこの人びとからはおおむね遮断された。ローマ期は尋常ならざる連結や移動の時代であったので、その崩壊は、移動の時代が終わった証であった。象牙の腕輪のレディーやビーチー岬のレディーがイギリス諸島に居住することを可能とした大陸間の通路もなくなった。

七世紀にはイスラームの勃興によって、アフリカとヨーロッパとの間の溝はさらに広がった。北アフリカ沿岸沿いにアラブ人が勢力を伸ばしていくにつれて、彼らが建設した新国家は、サハラ砂漠という物理的な障害の北に広がる、政治的、軍事的、そして文化的障害になっていった。[7] 次のおよそ一〇〇〇年間にわたる、アフリカ人とヨーロッパ人との間の接触や交換は、サハラを縦断する隊商路を押さえていたアラブ人商人が仲介した。

それにもかかわらず、考古学上の遺物やいくつかの文書史料によると、中世にもイギリスに旅行したり居住したりしたアフリカ人の血を引き継いだ人びともわずかながらいたことが分かっている。とはいえ、多くの中世イギリス人にとって、アフリカ人はローマ期のように現実で対面する相手ではなくなった。だが、このことはアフリカ人が彼らの知的な視界から消え去ったともいえなかった。アフリカ人もその大陸も、多くの神話や伝説の領域内には残り続けたのである。[8]

こうした神話、空想物語の類いであっても、そのすべてが現実の中で無力だったわけではない。それどころか計り知れない力を発揮したものもあった。その一つは、マルコ・ポーロが旅行に携えたばかりか、西インド諸島を「発見」したクリストファー・コロンブスも携行して航海していたとも信じられている『マンデヴィル旅行記』[9]という大旅行記である。著者はセント・オールバンズ出身のイングランド人騎士ジョン・マンデヴィルなる人物である。本書はアジア、アラビア、インド、極東、北アフリカを駆けめぐる旅の記録で、およそ二ダースにのぼる別々のテキストを集めて編纂された。そうしたテキストを様々に参照したり、引用したり、はたまた剽窃(ひょうせつ)したりしていた。[10]『マンデヴィル旅行記』が中世後期のヨーロッパ人に提示した、多くの人びとの度肝を抜き当惑させるような事柄すべての中でも、もっとも驚愕させられて魅力的なものは、アフリカ内部のどこかに黒人のキリスト教王国があるとの主張だった。プレスター・ジョンの王国の神話である。この神話は、十字軍によるパレスチナの征服がサラセン人の新興国によって脅かされた時からおそらく始まっていた。失われたキリスト教の王国は、プレスター・ジョンの名で知られるアフリカ人の王によって統治されていた。当伝説には、その王国はアジアのどこかに位置する、いやエチオピアにあるなどと多くの異説があった。そのありかが既知の世界中に探求されたが、どこかを地図上で突き止めようとしても無駄だった。[11]

この神話の起源こそ曖昧なものの、中世の人びとの心をこれほど引きつけた理由は比較的単純である。アフリカのどこかに、イスラーム世界の境界を越えたキリスト教の黒人王国があるとの考えは、大陸をまたいで挟み撃ちするキリスト教の同盟が結成できるのではないかとの希望を強くかき立てたからだ。プレスター・ジョンとそのアフリカの人びとは、キリスト教世界の数世紀にわたるイスラームとの闘争における同盟者として現れた。この神話はじっさい、イスラーム世界の巨大な軍事力と文化力をめぐって増大したヨーロッパの知識から生まれた、集団行動的な希望的観測だったのである。

2　近世、アフリカ世界への膨張

ポルトガルの影響圏に突入するイングランド人[12]

ローマ帝国の崩壊以後およそ三〇世代＝九〇〇年ほどが経過した一五世紀の初頭時でも、サハラ以南のアフリカの諸地域はいまだヨーロッパ人の旅行者がたどり着けないままであり、古代から中世期の神話の厚いベールに覆われていた。こうした見方はきわめて強固だったために、一五世紀の初期にヨーロッパ人探検者がアフリカ沿岸をじりじりと周航し始めた時ですら、手には『マンデヴィル旅行記』を携え、プレスター・ジョンの王国を探し当てるという純粋な望みを抱いて、旅に出たのである。

先導したのは大航海時代として知られるようになった時代の偉大な航海者であるポルトガル人だった。ポルトガルの地図製作者、造船技師、航海者などはイスラームの学術的成果を足がかりにしていたために、競争相手の多くを出し抜いた。アフリカの地にポルトガルが最初の基地を置いたのは、ジブラルタルの真向かいにあって、今日のモロッコに隣接し北アフリカの先端に位置するセウタという都市だった。これは一四一五年のことで、セウタはヨーロッパによる非ヨーロッパ地域の最初の植民地とも言われる。

そのあと、一四一九年に、「エンリケ航海王子」として名を馳せたエンリケ王が、配下の船長たちに北アフリカ沿岸の周航を命じて以後、ポルトガルのアフリカ南下政策と沿岸の拠点作りは、一四八八年のバルトロメウ・ディアスによる喜望峰到達まで七〇年ほどかかっている。

ポルトガルがアフリカに食指を動かして接触する、ヨーロッパの最初の国となったのには、地理的にヨーロッパの最西端にあったことや、スペインと同様、北アフリカのイスラーム教徒の侵略者に征服されていたことなどいくつかの理由があった。しかし、ポルトガルのアフリカへの関心を突き動かしたのは、実利的な交易の探求に他ならなかった。

ポルトガル人をアフリカに引き込んだ商品は、胡椒の他に、象牙、染料木があったが、何をおいても金であった。奴隷の売買はこの段階では重視されていなかったので、アフリカの真の魅力は金だった。それまでは、胡椒、金とも砂漠の商人、アラブ人やベルベル人の隊商やイスラーム商人の仲介者を通さざるを得なかった。それがいまやこれら仲介業者との関係を断ち、ヨーロッパに直接に船積みできるようになったのである。

こうしたポルトガルのアフリカ世界への膨張を驚異と嫉妬の入り交じる思いで傍観していたのが、われらがイングランド人商人である。その中には、もっぱら西アフリカ沿岸におけるポルトガルの影響圏に突入し、アフリカ金貿易の分け前にありつこうとした者もいた。まずは一五三〇年代、イングランド人の船長でデヴォンシャーのタヴィストック出身のウィリアム・ホーキンズが、交易を求めて西アフリカのギニア海岸まで航海した。それは一回限りの冒険的事業だった。

次いで、ポルトガル貿易を遮断することを目的としたアフリカ海岸へのイングランドの最初の遠征である一五五三年のトマス・ウィンダムの遠征があった。ウィンダムはかつてホーキンズに同行して航海していた。ポーツマスから出航した三隻の船のうち二隻は王室の船舶だった可能性がある。これらには、多くのロンドン商人、それにおそらく国王エドワード六世による支援があった。ウィンダムの遠征は、交易を求めたばかりか略奪もした。この遠征はウィンダム本人を含む多数の生命を犠牲にしたものの、投資者には膨大な富をもたらした。

ポルトガルの影響圏に侵入する、ウィンダムの遠征のすぐ後になされた遠征は、ウィンダムの命取りとなった航海に儲けを当て込んで援助していた同じ投資者によって支援された。この新たな冒険的事業は、ロンドンの大商人家族の一員で、啓蒙期の大哲学者ジョン・ロックの五代さかのぼった父にあたるジョン・ロックが率いた。

ロックは、ウィンダム遠征の生存者が帰った後からほんの四ヵ月しかたっていない一五五四年にアフリカ海岸に向けて出港した。三隻の船舶は黄金海岸をめざし、ウィンダムと同様、ポルトガルの権力の拠点であるエルミナ城は回避した。ロックとその部下たちは、ウィンダムより速やかにイングランドへの帰路につき、以前の遠征に降りかかった死に至る病に苦しむことなく、胡椒、二五〇本の象牙、もっとも重要な金四〇〇ポンド以上とともに帰還した。

ジョン・ホーキンズ、最初の奴隷貿易商？

一五五〇年代には、ウィリアム・タワーソンが数次にわたる西アフリカ海岸への遠征を行ったが、イングランド人は一六世紀の金貿易では大した利益は得られなかった。このあたりで、金貿易から奴隷貿易に舵を切る機運も生まれつつあった。ジョン・ロックがアフリカ西海岸の村シャーマの五人の男とロンドンに到着した七年後の一五六二年に、イングランド人による奴隷の三角貿易の開拓者となったのは、プリマスの船舶所有者にして貿易商であるジョン・ホーキンズである。ホーキンズは一五三〇年代に西アフリカ海岸を航海したウィリアム・ホーキンズの下の息子であった。また、フランシス・ドレイクの従兄弟であり、同時に彼の後見人でもあった。

他のイングランド人貿易商と同様、ホーキンズはアフリカ人が西アフリカの海岸で奴隷として売られて、スペインによって新世界にある植民地まで船に乗せられていることを知っていた。一五六二年一〇月に彼は西アフリカに向けて出立し、シエラレオネの広大な港に着いた。ここシエラレオネの地こそ、この後数世紀にわたってイギリスがこの大陸のどこよりも再形成、再構築していく地域となる。

ここでホーキンズは多くのポルトガルの船舶を襲撃して略奪し、積載されていたアフリカ人奴隷を捕獲した。その後、いくつかのスペイン領植民地に寄港して、そうした略奪品たるアフリカ人奴隷を含む商品を売った。一五六三年九月にイングランドに戻った時、この一回目の遠征により彼は財産をなし、禁止されていたにもかかわらずイングランド船がスペインのアフリカ人奴隷貿易に割り込むことができることを証明した。人間の売買は金の取引と同様、儲けになることも示した。

一五六四年に始まる二回目の遠征は本質的には一回目の繰り返しだった。ホーキンズはふたたびシエラレオネをめざし、そこに上陸して住民を捕らえて、町を焼き払い略奪した。さらに途中で差し止めたポルトガル船から他のアフリカ人も獲得した。次にホーキンズはまたしても新世界に帆を向けて、そこで奴隷にしていたアフリカ人をスペインの入植者に売った。

一五六七年からの三回目の西アフリカ海岸への奴隷貿易の投資者には、エリザベス朝の宮廷にいる政治エリートばかりか、エリザベス一世本人がいた。女王は利益を吸い上げ成功の機会を増やそうとして、二回目の奴隷貿易の任務には、自身が所有する二隻の船も提供していた。この二回目の冒険的事業は一回目と同様、利益となることが証明された。ホーキンズは自分の利益は六割だと主張した。[13]

サー・ジョン・ホーキンズの紋章に採用された縛られた黒人の絵。
Nigel File & Chris Power, *Black Settlers in Britain 1555-1958*, Heinemann Educational, 1981, 1995, 5.1

奴隷貿易に成功したジョン・ホーキンズは、ナイト爵に叙せられ、しばしばイングランドの三角貿易の創始者にして最初のイングランド人奴隷貿易商とみなされてきた。しかし、これは近年では二つの点から疑問視されている。第一に、ホーキンズ以前にも他のイングランド人奴隷貿易商が活動していたからである。イングランド人は早くも一四八〇年代にアンダルシアの基地から活動し始め、スペイン人、ジェノア人、フィレンツェ人、ポルトガル人の商売仲間と緊密に協同して、奴隷や他の商品の売買をした[14]。イングランドは奴隷貿易には比較的遅れて参加した新参者で、新世界の奴隷植民地の獲得にも遅れるが、海外で営業するイングランド人商人は数世代前から三角貿易と奴隷貿易の両方の貿易で活動していた。

第二に、ホーキンズの任務はその後、イギリスの諸港から出航する国内の商人と船乗りによって実行され途切れなく続くことになる、大西洋における奴隷貿易の開始を意味しなかったからである。これはホーキンズの第三回目の遠征が大失敗だったためでもある。六隻からなる艦隊で航行したが、帰国したのは二隻のみで、初期の三角貿易は不名誉で破滅的な結末となった。これが本格的に復活するまでには一〇〇年ほどかかることになる。その間に、イングランド人は奴隷貿易よりも私掠船行為の方がうまくいくことに気づいたのである[15]。つまりこれは、財宝を積んだスペインの艦隊に対する、国家が実施を許可した海賊行為である。

3 チューダー朝期、スチュアート朝期の黒人

発掘される黒人

先にも触れたように、一五五五年にジョン・ロックとともにシャーマからやって来た五人の男たちは、アフリカから直接イングランドに来た、最初のアフリカ人とも見なされていた。ただ研究が進む

につれて、彼らは一六世紀半ばのイギリス諸島に居住していた唯一の黒人ではないと、断言できるようにもなってきている。というのも、主としてロンドンや南部の海港諸都市に集中していたとはいえ、アフリカ出身の人びとはこの時代、イングランドやスコットランドにもやって来ては滞在していたことが分かってきたからである。

チューダー朝期（一四八五～一六〇三年）およびスチュアート朝期（一六〇三～一七一四年）のイギリスにおける黒人たちの存在を探究する歴史家たちは文書館を洗いざらい調べ上げた。教区台帳、墓碑銘、富裕層の往復書簡、訴訟記録の中から、四四八例にのぼるチューダー朝期からスチュアート朝期の黒人の人となりを明らかにした研究者もいるし[16]、別の研究者は、あとで紹介するジョン・ブランクやジャック・フランシスを含む、チューダー朝期のイングランドで「自由に生きた」一〇人の黒人を発掘して蘇らせた[17]。

チューダー朝期の黒人たちの大半は、アフリカから直接来た訳ではなく、おそらくはイベリア半島か地中海世界を経由してやって来た。そのうちの何人かは、雇い主によってイギリスに連れてこられた。ポルトガルとアフリカとの間の大規模な接触や交易、外交の結果として、リスボンには大勢の自由人もしくは奴隷のアフリカ人、そして未だにその正確な人数は不明な人種混合の人びとが出現することになった。一六世紀末には、彼らアフリカ系および人種混合の人びとは合計で、リスボンの総人口の二〇％前後に達していた。

イングランドおよびスコットランドと、スペインおよびポルトガルとの間の紛争がエスカレートするにつれて、イギリス諸島に身をおくアフリカ人は、拿捕（だほ）されたイベリア半島の両大国が所有した奴

1511年のウェストミンスター馬上槍試合巻物絵図に描かれた、黒人の王室付きラッパ手、ジョン・ブランク（後列、中央）。Hakim Adi, *The History of the African and Caribbean Communities in Britain*, Wayland Publishers Ltd., 1995, 2005, p.6.

隷船の船上にいた男女が多数を占めるようになっていった。

ジョン・ブランクとジャック・フランシス

チューダー朝期およびスチュアート朝期における黒人たちの大半は、家内労働に従事し、社会の下層に位置していた。彼らの誕生や死亡のみならず洗礼や結婚についての記録をみていくと、機会さえ与えられていれば彼らは周囲の社会に仲間入りできたらしい。しかしながらチューダー朝期の黒人の人数は、いわゆる「黒人コミュニティー」を論じるには、あまりにも少なすぎた。

だがそれでもなお、ごく少数ではあるが史料上で際立った輝きを放つ存在があり、その中の一人はチューダー朝宮廷に仕えていた黒人男性だった。その男の名前はジョン・ブランクである。彼はおそらく一五〇一年、後のヘンリ八世の兄で当時のプリンス・オブ・ウェールズだったアーサー王子と結婚するためにロンドンにやって来た、スペイン王女キャサリン・オブ・アラゴンの随行者の一員として、イングランドにやって来た。[18]

ジョン・ブランクが史料上に初めて登場するのは一五〇九年、ヘンリ八世の宮廷から彼に支払われた給与記録の中である。だが、彼の存在はただ記録史料の中のみにとどまるものではない。驚くべきことに、彼は公的な史料に初めてその名前が記録された黒人というだけではなく、図像史料にも登場するのである。そのおかげで私たちは彼の名前だけではなく、その容貌をも知ることができる。

キャサリンが嫁いだアーサー王子が一五〇二年四月に急逝した七年後、ヘンリはかつて兄嫁だった未亡人を自身の妃とし、その数日後国王ヘンリ八世として即位していた。ブランクの容貌を知り得るのは、一五一一年一月、ヘンリ八世とキャサリンとの間に生まれた息子、ヘンリ王子の誕生を祝し開催された記念式典にブランクが演奏者としてその舞台に上がり、もろともに図像にとどめられたからであった。

もう一人の史料に残る幸運なチューダー朝期の黒人は、ジョン・ブランクが史料上で最後に言及されてから、約三五年後に登場する。その男ジャック・フランシスは、ブランク同様ヘンリ八世の宮廷と接点を持っていた。彼は、今日モーリタニア領となっているアルギン島出身で二〇歳のサルベージ・ダイバー、すなわち沈没船を引き揚げる潜水夫だった。

フランシスは、ベネチアのサルベージ業者ピエトロ・パウロ・コージーの所有する奴隷であり、一五四六年に主人によってイングランドに連れてこられた。コージーとそのダイバーたちはヘンリ八世より、チューダー朝期海軍を代表する旗艦でイングランド南岸のソレント海峡で沈没したメアリー・ローズ号の船体から、大砲を引き上げるという任務を請け負った。このサルベージ任務において、ジャック・フランシスはダイバーチームのリーダーだった。

しかしながら、イングランド国内における彼に関する記録は、この耳目を集めたプロジェクトへの参加ではなく、一五四八年に海事高等法廷における自身の主人を弁護する証言によって、今日まで残存している。当時、イングランドに存在した何千人もの白人の「隷農（農奴）」（（　）は引用文中にあるもの。以下も同様）たちが、法廷での証言を認められていなかった中で、彼は異邦人の非キリスト教徒で、肌の色が違うがために目立ったアフリカ人で、おまけに奴隷だったにもかかわらず、その証言はイングランドの法廷において認定されたのである。[19]

エリザベス女王による追放令

ところが、一五九六年の枢密院勅令によって、エリザベス女王統治下のイングランドにおいて、黒人たちは不要で歓迎されざる人びととされた。この勅令は、政府とエリザベス女王の全面的な支援と積極的な奨励の下で、彼らを国内から追放しようとさえしていた。この勅令は、リューベック出身のドイツ人商人カスパー・ヴァン・ツェンデンに対して、「この王国内にいる大勢のブラックムーアたちを捕獲し、彼らをスペインならびにポルトガルへ移送する許可」を与えており、ヴァン・ツェンデンは両国で彼らを奴隷として売り飛ばそうと計画していた。[20]

一六〇一年、二度目の、そしてより強硬な文言の請願が起草された。それは、「常日頃より自身の臣民たちの幸福と安寧を憂慮しておられる女王〔エリザベス一世〕陛下は、現在の大いなる〔食糧〕不足という厳しい状況に大変苦悩しておられ、そしてそのような情勢下において、大勢のニグロたちならびにブラックムーアたちがこの王国へと移送されているという事実（の報告）に、大層ご立腹であらせられる」（〔　〕は引用者の訳注。以下も同様）という一文で始まっていた。この問題を解決するために、女王は「そのような輩（やから）たちを彼女の王国から直ちに一掃し追放するようにとの特別の命令を下された。そして彼らの速やかなる移送のため、リューベックの商人カスパー・ヴァン・ツェンデンを指名し」許可を与えた[21]。

この勅令に出てくる「ニグロ」と「ブラックムーア」を『オックスフォード英語辞典』で確認しておくと、まずニグロとは、「もともとサハラ以南のアフリカを出自とする、黒い肌を持つ人びとの集団の一員で、黒人のアフリカ人を起源ないし祖先に持つ人」とある。ついでブラックムーアは、「黒人とくにアフリカ人で、かつてはとくにエチオピア人を指し、すべての黒い肌の人びとも指す」とある。ニグロは「二〇世紀半ばブラックという言葉が台頭してからは時代遅れとなり侮蔑の意味も込められるようになったが、一七世紀から一九世紀にかけて標準的な呼称であり続けた」。ブラックムーアも、「もともとは侮蔑的な意味を持たなかった」。

二通の公文書に戻ると、わずか五年余りの間に立て続けに出されたこれらの勅令は、黒人たちを対象とした出国強制政策が公的な支援を獲得していたことの強固な裏付けであり、そのような政策は当時広範に広まっていた、アフリカ人たちに対する悪感情の反映と見なされていた。

ただし、近年ではこれも次のように留保されている。一回目の勅令は、奴隷として売り飛ばす許可と見ることも可能だが、この勅令が規定しているイングランド王国内の「ブラックムーアたち」は、大半が従僕であり、彼らはその主人たちの同意があってはじめて、国外への移送が可能だった。自身の従僕を失うことに対する補償がなされない限り、主人たちの反対は克服困難な障害だった。

また二回目の許可は布告として公付された形跡がなく、そもそもこの請願自体が、ヴァン・ツェンデン当人により起草された模様である。そして、黒人を移送し奴隷化するというこの商人の計画は、実行に移されることはなかった。[22] 実際のところヴァン・ツェンデンの計画は、エリザベス女王統治下のイングランドの黒人に対して蔓延していた人種差別思想の決定的な証拠というよりも、外国人商人によって提案され失敗に終わった営利事業にすぎなかった。

4 シェイクスピア『オセロー』のムーア人

黒い悪魔

ここで支配者から被支配者ないし一般人へと視点を変えてみよう。取り上げるのは、劇作家ウィリアム・シェイクスピア（一五六四〜一六一六年）が生み出した戯曲『オセロー』である。『オセロー』は、ヴェニスを舞台にしてムーア人の軍人オセローが、その白人の妻デズデモーナの不倫を偽装した部下イアーゴーの奸計（かんけい）にはまって、嫉妬に狂い、妻を殺害して自殺するに至るというドラマである。[23]

「ムーア人」とはすでに確認しているように、この時期では、北西アフリカに住む、ベルベル人やアラブ人の祖先を持つムスリムを意味した。『オセロー』に出てくるのもこちらである。肌の色から当時のシェイクスピア劇の観客の目には黒人とほぼ同じように見えた。

第一幕の第一場、ヴェニスの街路でイアーゴーがデズデモーナの父に向かって警告するセリフは、こうなっている。「いまもいま、たったいま、年をくった黒羊が、あんたのかわいい白羊にのっかってますぜ。さあ、起きた、鐘を鳴らしてグースカ寝ている街の連中を起こすんだ、でないと黒い悪魔があんたのお孫さんを作っちまう。さあ、起きた起きた」。なかなか納得しない父に向かって、イアーゴーはさらに「お嬢さんがアフリカ馬にのっかられてもいいって言うんですかい。まごまごしてるとお孫さんがヒンヒン泣き出し、あんたはその手綱をとる馬子ってことになっちまいますぜ」と「まご」のかけ言葉遊びを使いながらたたみかける。

父ブラバンショーの「けがらわしいやつだな、だれだ、きさまは？」という返答に、イアーゴーはヴェニスの暗闇から「あたしはね、閣下、あんたのお嬢さんとムーアが、おなかは一つで背中は二つの怪獣になってるって知らせにきた男ですよ」と重ねて答えるのである。

「年をくった黒羊が、あんたのかわいい白羊にのっかってますぜ」「おなかは一つで背中は二つの怪獣になってる」などシェイクスピアが喚起する、黒人の男と白人の女の間の性的なイメージは強烈であり、それが彼の観客の官能を深く刺激したことは疑いない。なぜなら観客たちは、アフリカ人は性的にふしだらで相手を選ばず、結婚という制度を受け入れないとの情報を同時代の著作からおそらく得ていたからである。

また「黒い悪魔」との表現は、当時のシェイクスピアの観客、イングランド人の心性に宿る偶発的ないし気まぐれな連想というより、中世にさかのぼり実に数世紀もかけて培われてきたものである。[24] 数え切れないほど多くの中世の絵画において、悪魔たちはもっぱら黒色で描かれており、その伝統はエリザベス女王統治期やスチュアート朝期の木版画においても、変わることなく継続した。黒は夜や超自然的で邪悪なものと関連付けられたし、日常生活の中でもっとも黒い存在は「まるで悪魔のように黒い」と形容され、そしてしばしば悪魔の肌の色は、アフリカ人の肌の色同然と言われていた。

白と黒の価値観の逆転劇

まず問題は、このように黒人を性的にふしだらな黒い悪魔と見なすことは、近代以降にみられるような人種の概念に起因するか否かである。シェイクスピアが生きた時代において、それはむしろ、黒という色そのものが孕んでいるネガティヴなイメージに拠るものだった。[25]それとは対照的に同時代における白は、純潔性や処女性ひいては神聖さを表象するものであり、それらの概念は、鉛を顔料とする白粉で自身の肌を真っ白に化粧させた処女王（エリザベス一世）がイングランドを統治していた時代において、この上ない高みへと達していた。エリザベス一世のその肌の白さは、外国からの訪問者たちによって大袈裟過ぎるまでに褒め称えられていた。

こうした黒と白のきわめて対極的なイメージが流布していたこともあり、シェイクスピアと同時代のエリザベス女王統治下の演劇に出てくるムーア人といえば愚かか邪悪な人物と決まっていた。ムーア人は、極悪非道な悪役を演じるというお決まりのパターンを提供した。観客も黒人を直接目撃していた他にも、書物から得た知識や噂としてネガティヴな空想上の知識を間接的に持っていた。

劇中でのデズデモーナの父である公爵のセリフ「どうだろう、美徳にこころよい美しさがともなうとすれば、心美しい婿殿［オセロー］は、なみの白人以上に美しいとは言えまいか」はどのように観客に響いたか。これは、オセローが外面は黒いにもかかわらず、内面は美徳すなわち「白人」であり、イアーゴーがそのまったく反対すなわち外面は白だが、内面は「黒人」であるというものである。シェイクスピア自身が、こうした黒と白との表象上の衝突に内在する創造的な可能性に、魅惑されていたことは明白である。観客が黒人に対する、かなりネガティヴな価値観を抱いていたとすれば、シェイクスピアは、こういった観客の直接的・間接的知識と黒人観のステレオタイプに依存しながら、白と黒の価値観の逆転劇を通じて、それだけにいっそう効果的にその「黒人＝淫ら」というステレオタイプを断ち切ろうとしたとも言える。[26]

近代的な人種思想の表現？

もう一つ長いこと議論されてきたのは、こうしたシェイクスピアの『オセロー』という芝居が近代的な人種主義や人種思想を視聴覚的に表現したものか否かの問題である。今日では、表現したものとする解釈は、長く維持されてきたと言えるものの誤りである、と断じられている。[27]第一に、それらの概念は、イングランドならびにスコットランドが、大西洋奴隷貿易および新世界の奴隷制により深く関与していくようになった、一七世紀になってから出現したものだった。おおむね一五八九年から一六一三年にかけての、シェイクスピアの劇作家としての活動は、イングランド人による奴隷貿易ならびに南北アメリカ大陸におけるイングランド人入植地建設の本格化以前のことであった。

ジョン・ホーキンズによる最初の奴隷獲得遠征航海は、シェイクスピアの誕生する以前の出来事であり、そしてまだ若きシェイクスピアがほんの子供だった頃には、その探検は下火になっていた。シエイクスピアが没したのは、南北アメリカ大陸に建設されたイングランド領植民地において、正式に奴隷制が導入されたと伝統的に見なされている年（一六一九年）よりも三年前の、一六一六年のことだった。こういった意味ではイングランド領植民地、あるいは独立後のアメリカ合衆国内部でいわゆるアメリカ黒人＝人種問題が発生するはるか以前に『オセロー』は書かれていたことになる。

第二に、シェイクスピアが生きた時代の国際環境である。それは、スペインとポルトガルが領有した新世界植民地において、また彼の多くの芝居の舞台となったイタリアを含んだヨーロッパ地中海地域において、奴隷制が存在していた時代だった。『オセロー』もイタリア、地中海が舞台だった。奴隷制はアフリカ人のみを対象とした訳ではなく、人種や人種間の差異といった概念は、後の大西洋奴隷貿易真っ盛りの時代に発展することになるそれとは、大きく異なっていた。オセローの人物造形と作中での彼の立ち位置も、一六世紀当時におけるイスラーム諸勢力とオスマン帝国の強大さに関する議論が反映されている。作中でオセローがヴェニスを後にして立ち向かう敵は、他ならぬオスマン・トルコである。

以上の理由から、グローブ座に集ったシェイクスピアの観客たちは、近代的な人種思想に類するような観念は何ら保持していなかっただろうし、そもそも近世イングランドにおける人種という言葉の持つ意味は、不明瞭なままだったと推測できる。

5 奴隷貿易の興隆

砂糖と奴隷

一七世紀初頭のヴァージニア植民地のジェームズタウン建設に至るまで、イングランドは新世界に恒久的な入植地を一切保有せず、大西洋奴隷貿易においても脇役を演じるにとどまっていた。一五六〇年代のジョン・ホーキンズの三度にわたった探検航海以来、一握りのイングランド人船長たちしか奴隷貿易に参入しなかったし、開始されていた少数のイングランド人（商人）による奴隷狩り事業は、機会主義的か場当たり的、もしくは海賊的だった。

こうした状況すべてがなぜ変化し、いかにしてイギリス諸島の命運と繁栄がアフリカとかくも分かち難く結び付いたのか。もしこれを説明する単一の要因があるとしたら、それは砂糖だろう。イングランド人が、メキシコやキューバといったスペイン勢力の中心から用心深く距離をおいた、カリブ海東端のあまり重要とは見なされていなかった小さな群島に将来性のある入植地をようやく建設した時に、最初の入植者たちはサトウキビこそが、他のどの作物よりも彼らを富ませることを発見した。

ホーキンズが奴隷貿易の創始者ではなかったように、第一陣のイングランド人プランテーション経営者も、新世界におけるサトウキビ生産の先駆者ではなかった。植民地建設の草創期において、イングランド人はここでも、発明者というよりは模倣者だった。つまり、他国の植民地において発展した方法と実践に学び、それらを自分たちの慎ましやかな入植地に導入した。イングランド人はブラジルのオランダ人入植者から、サトウキビ栽培に不可欠な農業技術と、その搾り汁を砂糖と糖蜜に分離させる工程の技術的知識とを拝借した。

カリブ海東端の群島の一つバルバドス島の入植初期における植民地建設と発展は、白人の年季奉公人とごく少数のアフリカ人奴隷によって担われた。砂糖生産の集約の必要性と、バルバドスへ渡航してくる年季奉公人の減少とが相まって、同地のプランテーション経営者には、労働力の主力を年季奉公人からアフリカ人奴隷に転換させる、経済的な根拠が与えられた。また私掠活動、すなわち新世界植民地から金銀財宝を輸送中のスペイン銀船団への襲撃に精を出していたイングランド人船乗りも、全身全霊を懸けて奴隷貿易に乗り出すようになった。

一六四〇年代頃には、最大の砂糖の供給地ポルトガル領ブラジルでの内戦が引き起こした生産地の移転によりヨーロッパの砂糖市場で砂糖の価格が急上昇したために、バルバドスのプランテーション経営者はサトウキビ生産へ狂奔し、それ以外のタバコや原綿といった商品作物の栽培を放棄した。同時にそれは年季奉公制労働の廃絶へと道を開いた。オランダからの資金提供や技術支援を受けた経営者は相応の市場の分け前を獲得した。

一六五〇年代までにバルバドスは年間三〇〇万ポンド以上相当の砂糖を生産し新世界でもっとも豊かな場所と言われるようになった。貿易と資本形成からみたこの島の価値は他のイングランド領植民地のすべてを合わせた以上に達していた。一六六〇年までにアフリカ人奴隷貿易はカリブ海経済の生命線となった。

バルバドスの黒人奴隷の数については、研究者によってばらつきがあるものの、ベクレスの表に沿ってまとめてみると、一六三七年時点では、総人口約六〇〇〇人のうちわずか二〇〇人余り、砂糖生産開始二年前の四五年には五六八〇人にすぎなかったが、五五年には約二万人（白人は約二万三〇〇〇人)、七三年で約三万三〇〇〇人（白人は約二万一〇〇〇人)、八〇年時点で約三万八〇〇〇人、八四年には約四万六〇〇〇人（白人は二万人を切っている)、九八年に約四万二〇〇〇人となっている。[28]

バルバドス奴隷法

奴隷貿易が生命線となったのに合わせるかのように、一六六一年、サトウキビプランテーション経営者に牛耳られたバルバドス植民地議会は、バルバドス奴隷刑法典もしくはバルバドス奴隷法として知られる、これまでに制定された法令や布告を集約し、奴隷制を法律により認められた合法的な制度へと体系化する法律を制定した。これまで総人口に占める割合が少数派だった黒人が六〇年になると多数派となっており、それゆえに奴隷刑法典の大半の条文は、主として奴隷による反乱や革命を防止する手段として使うことをめざした。奴隷所有者による奴隷の常時監視、奴隷の住まい小屋の捜索、奴隷が携行する通行手形制度が整備された。[29]

もっとも重要だったのは、バルバドス奴隷刑法典は白人の「奉公人」と「ニグロ」奴隷とを法的に明確に区別したことである。ニグロは「奴隷」に読み替えられ、黒人は自動的に「奴隷」であると法的に定義された。黒人たちは「異教徒かつ野蛮人にして、気まぐれかつ危険なほどに高慢な輩ども」であるがために厳格かつ「懲罰的な諸法」の対象となった。[30] 鼻削ぎ、頰や額への焼き印といった顔面への傷害行為、去勢などはすべて、アフリカ人のみを対象とした、残虐かつ見せしめ的な懲罰手段だった。

同等に重要だったのは、白人の年季奉公人はイングランドのコモン・ローの保護下にとどまっていたという事実だった。彼らは、陪審制の裁判を要求する権利を未だ保持していたのに対して、ニグロたちは同等の権利をきっぱりと否定された。[31]

すなわちこの奴隷刑法典はバルバドス社会を人種という線引きによって分断した。プランテーション経営者は、アイルランド人年季奉公人や流刑労働者といった白人貧民を、長きにわたって深く軽蔑していたが、奴隷反乱という非常時においては白人間の連帯こそが、彼らの身の安全を保証する術であると理解していた。アフリカ人も多様かつ非常に幅広い文化的・民族的諸集団に属していたが、「ニグロ」と一括りにされた。このバルバドス・モデルは、他の西インド諸島の植民地にも瞬く間に広まった。

オリヴァ・クロムウェル独裁下のイングランド護国卿政府が、一六五〇年代にスペインと戦争状態になったとき、イングランドはジャマイカ島を占領した。バルバドス島の二五倍の面積を持つジャマイカは、途方もなく巨大でもっともきらびやかな戦利品だった。同島の土地は区画整理されてサトウキビ農場へと変貌するとともに、奴隷たちも移送された。「砂糖と奴隷」はセットでバルバドスからジャマイカに移された。

ジャマイカに我先にとやって来た最初のイングランド人入植者は、技術はあったが地所を相続できなかったバルバドスのプランテーション経営者だった。ジャマイカにはバルバドスから、準工業的な砂糖生産体制と同様にバルバドス奴隷刑法典もまた、ほぼ一言一句違わずに導入された。一六九六年のジャマイカ奴隷法は、その八年前の一六八八年に再制定されたバルバドスの奴隷法をほぼ焼き直したものだった。[32]

王立アフリカ会社

一六六〇年の王政復古後に、国王チャールズ二世（在位一六六〇～一六八五年）が即位した。この国王は奴隷貿易の持つ潜在的な利益率に気付いていた。その側近には、王弟ヨーク公や従兄弟のカンバーランド公プリンス・ルパートもいた。国王と側近たちは、共同出資会社こそが、奴隷貿易において利益を挙げるために最良の組織であると見なしていた。アフリカとの交易を主眼とする最初の会社は、一六六〇年に設立された王立アフリカ交易投機会社だった。同社は一六六七年まで事業を継続し、新世界植民地のイングランド人プランテーション経営者たちに六〇〇〇人ものアフリカ人奴隷を供給したが、重い負債に苦しんでいた。[33]

一六七二年、「あらゆる異教国に対する、宣戦布告から講和締結に至るまでの全権」を含んだ、途方もなく巨大な事業権を認められた王立アフリカ会社が、チャールズ二世によって設立された。王立アフリカ会社は、イギリス史上において他のどのような企業にも増して、アフリカ人の奴隷化と輸送に関する重い責務を負った会社だった。他のいかなる組織にも増して、この会社はイギリスを大西洋奴隷貿易におけるキープレイヤーへと押し上げ、それによって、奴隷貿易が右肩上がりの成長を続けた同国は、一八世紀に至って、奴隷貿易に携わるヨーロッパ諸国の中でも支配的な地位を占めるまでになった。[34]

王立アフリカ会社の事業最盛期は一六七二年から一七二〇年代前半にかけてであり、この期間に同社はアフリカにゆうに五〇〇〇回を超える回数の交易船団を派遣した。王立アフリカ会社の設立から一〇年以内に、大西洋奴隷貿易におけるイングランドのシェアは三三％から七四％へと激増し、その大半はオランダやフランスから奪い取ったものだった。[35] その事業期間を通じて、王立アフリカ会社はおよそ一五万人ものアフリカ人の男女と子供たちを奴隷として輸送した。[36]

アフリカの怪物に挑んだもぐり業者

王立アフリカ会社には、モロッコから南アフリカの喜望峰に至るまでのアフリカ沿岸部における独占交易権を主張でき、当該地域において交易参入を目論む、独立系のイングランド人「もぐり業者」の船舶の臨検と拿捕を、王立海軍に対して要求する権利が認められていた。[37] 実際に、同社は、自社の船舶やアフリカ沿岸部に建設した城塞群によって、もぐり業者たちから自身の独占交易を防護しようとした。これは一世紀以上前の一五五〇年代から一五六〇年代にかけて、イングランド人の奴隷貿易への参入に対してポルトガル人が自身の交易を守るために行ったことの、奇妙なまでの映し鏡であった。

一七世紀末になると、独占交易権を主張する王立アフリカ会社と「会社に属さないアフリカ交易商」である独立系交易商との対立が激しくなっていった。独立系交易商たちは、彼らが「アフリカの怪物」と呼んだ王立アフリカ会社に立ち向かい、奴隷貿易への参入はすべてのイングランド人に対して認められた権利であるとして、同社の独占に対抗して立ち上げた政治キャンペーンを繰り広げた。

彼らは、どこでも誰とでも何でも交易する権利は、すべてのイングランド人に与えられた自由の一つであり、アフリカ人を奴隷化する権利は「イングランド人の自由」の基本要件であると訴えた。西インド諸島のプランテーション経営者、ヴァージニアやメリーランドのタバコ農場主も、独立系交易商を支持する論陣を張り、王立アフリカ会社の独占に反対した。[38]

独立系交易商にとって、王立アフリカ会社はまさしく専制そのものだった。独立系交易商を支持し王立アフリカ会社の独占に反対したイングランド領西インド諸島のプランテーション経営者にとっても、同社の重大な欠陥はその非効率性だった。大西洋奴隷貿易におけるイングランドの顕著なシェア拡大にもかかわらず、バルバドスや北米植民地のタバコ農場からのアフリカ人奴隷への高まる需要に対して、王立アフリカ会社は対応能力の不足に陥っていることが明らかとなった。

長年にわたったキャンペーンや政治的ロビー活動の末に、王室による独占は徐々に弱められ、遂に一七一二年に停止された。一六七二年時点で、チャールズ二世から一〇〇〇年間にわたって有効な勅許状を与えられた王立アフリカ会社は、実際には八〇年しか存続できず、最終的に一七五二年に解散となった。

今や、独立系交易商たちは西アフリカ沿岸部で野放し状態となった。彼ら民間奴隷貿易業者が新規に民間に開放され規制緩和された経済で相互活動することにより、この交易の規模は、王立アフリカ会社が唯一の独占企業として達成できた、いかなる規模も超えて拡大した。王立アフリカ会社がほぼ独占を強いることができた一六七三年から一六八八年において、同社は平均して年に二三回の奴隷貿易航海を行っていた。その独占が終わった後の一七一四年から一七二九年にかけての時期、独立系交易商たちは年平均で七七回もの奴隷獲得航海を行った。[39]ある見積もりによれば、王室による独占廃止後の奴隷供給量の増大は、六〇％にも達した。

王立アフリカ会社による独占交易の廃止は大西洋の反対側にも劇的な影響をもたらした。バルバドスやジャマイカその他のカリブ海のプランテーション経営者は十分なアフリカ人奴隷の供給を受けられるようになり、生産を急速に拡大させ莫大な利益を挙げることが可能となった。プランテーションは、新たに考案された管理手法と労働者を組織化する新たな方針を生み出した。北米大陸のタバコ生産地帯では、アフリカ人奴隷の供給が大幅に確保されたために、プランテーション経営者はアフリカ人奴隷制への徹底かつ不可逆的な転換を実行し始めることができた。この転換により、バルバドス奴隷刑法典を前例とする一連の奴隷制関連法が制定されていき、北米植民地も完全な奴隷制社会へと変貌した。[40]

以上、一五五〇年代のイングランド人商人の金貿易や初期の奴隷貿易への果敢な参入や六〇年代のジョン・ホーキンズの遠征から、一六五〇年代のバルバドスでの砂糖生産を担う生命線となる形で開始された本格的な奴隷貿易の開始を経て、奴隷貿易を独占した王立アフリカ会社の一七五〇年代の解散に至る過程を見てきた。これはまさに、一六世紀以後、イギリスが「超新星」さながらに爆発して、世界じゅうに権力と影響力を放出した過程である。黒人はけっしてその権力と影響力の行使主体ではなかったが、この「革命」の中心部にいたのである。[41]

第2章

逃亡奴隷のプロファイル

18世紀前半

Chapter 2

A Profile of Runaway Slaves

1　本土に流入する黒人

誇張される人数

一七世紀末頃から、西インド諸島のプランテーション経営者が帰国し、イギリス本土に出現した。経営者たちは、途方もなく裕福であり、その比類なき富をより華やかな舞台で誇示するための装飾のけばけばしさゆえに悪名高かった。彼らは土地投機に乗り出して地所を買い漁り、旧来の土地貴族と自身の子女たちを政略結婚させた。[1]

地所の買い漁りや政略結婚の他に、サトウキビ経済と奴隷貿易の拡大のもう一つの副産物は、プランテーション経営者や奴隷船船長と一緒に船に乗ってイギリスに来た数百人の黒人、後には数千人にもなった黒人だった。一七世紀末の数十年間から一八世紀を通じて、奴隷であれ自由人であれ、これまでとは比べものにならない人数のアフリカ人が、イギリス諸島にやって来た。この時代以降、イギリス本土における黒人の存在は、けっして途絶えることなく現代まで継続していくこととなった。[2]

黒人のイギリスへの流入は実際どれぐらいの規模だったのだろうか。その人口規模や実態の究明は、すこぶる興味をそそられるにもかかわらず、多くの不可知な事象があって解明困難なまま、歴史家たちの手に余る大いなる謎として残されている。

一七二三年の『デイリー・ジャーナル』の記事にあるように、ロンドンに黒人がなだれをうって押し寄せており、このままではロンドンは「彼らで充満するようになる」といった脅威を示す文言を典型として、黒人人口を実際よりも多く見積もる新聞記事などが頻繁に現れた。これに黒人の流入を放置すると白人の雇用機会が奪われるという恐怖が加わり、黒人人口はさらに誇張される。[3]

黒人人口は誇張されたり多めに見積もられたりしたと言われるが、具体的な数字はあるのだろうか。数字を記した史料もあるがその多くも当時なされた推計だけである。[4] 例えば、一七六四年に『ジェントルマンズ・マガジン』紙宛てに投書したある読者は「この大都会〔ロンドン〕に限っても、二万人近くに上る」[5]と信じていた。翌六五年の『モーニング・クロニクル』の記事は、ロンドンにおける黒人人口は三万人に達すると主張した。次章で取り上げる、八六年に設立された黒人貧民救済委員会もこの首都における黒人人口はおおむね三万人から五万人の間だろうと結論付けた。

ロンドンに限定しないイギリス全土の黒人人口については、一七八九年に増加を憂慮したある解説者は、四万人前後だろうと見積もった。しかし、その一七年ほど前の七二年には、本章で取り上げるサマセット裁判において、一万五〇〇〇人前後という推測が引用され、おそらくもっとも信用に足る見積もりであるとして、王座裁判所首席判事マンスフィールド卿ウィリアム・マレーによって承認された。

この数字は長く多くの歴史家にも受け入れられてきたが、近年低めに修正されており、イギリスの黒人人口は一八世紀を通じてそのいかなる時も一万人に達しなかったとか、これを受けて、この一万人とは奴隷に該当し、一七七二年のマンスフィールド判決での一万五〇〇〇人という数字は一万人の奴隷に五〇〇〇人の自由黒人を含んだものではないかなどと論じられている。[6] また、不確定要因の多いロンドン以外の地域をのぞいて、ロンドンのみに限った黒人人口は「少なくとも五〇〇〇人という一貫した数字はかなり可能性が高い」との結論を導き出している歴史家もいる。[7]

奴隷か自由身分か

以上より、在英黒人の人口規模の立証を試みる歴史家たちは、一万人から一万五〇〇〇人前後という数字を受容しつつある。彼らは、西インド諸島でアフリカ人を奴隷として使いプランテーションを経営していた人びとが帰国したときに連れてこられた。こうした当時イギリスにいた黒人の地位はいかに考えられていたのか。彼らは奴隷だったのか、自由身分だったのかがまず問題となろう。

この問題は奴隷訴訟において鮮明に出てくる。その訴訟の多くは、主人がイギリスに連れてきた彼らをもう一度西インド諸島に連れ帰るときに、それが認められるか否かをめぐっておこされた。一七世紀最後の四半世紀からイギリスに輸入される「アフリカの奴隷」の数が多くなって、彼らの奴隷としての地位がいつまで続くのか、についての問題がイギリスの裁判所で提起された。一八世紀末に至るまで次々と繰り出される訴訟において、判事たちは奴隷制に賛成してみたり反対してみたりとシーソーのように変わる判決を出していた。

一六七七年には、黒人は異教徒なので商品として持ち込まれて売られるとの判決が出され、九四年にも同様な判決が出されたが、一七〇六年には法は黒人と他の人間との相違を記してはいないとのホルト判決が出た。ホルト判事は同じ年の別の訴訟でさらに「ニグロはイングランドに入ったとたん自由になる」との宣言もした。ただし、まさにこれと同じ訴訟では「イングランドの法はニグロについて触れていない」との意見を付した別の判事がいた。一七五〇年、六二年の訴訟でもこのホルト判決は踏襲された。

一六七七年と九四年の裁定の論拠は、アフリカ人は異教徒であるがゆえに奴隷であり、洗礼によって自由となる、というものであった。この考え方や実践は広く流布して、黒人たちは洗礼をしてくれる神父や名付け親を探した。一方、自分たちの奴隷がキリスト教徒になり自由になることに危機感をもった主人たちはこれを阻止しようと躍起になった。

洗礼によって奴隷は自由になるのか否か、イングランドにおけるアフリカ人奴隷の地位について明確に答えたのが、一七二九年のヨーク＝タルボット判決である。そこでは、「西インド諸島からイギリスにやってきた奴隷」は「洗礼によって自由を与えられるものでないこと」「主人は強制的に彼をプランテーションに連れ戻すことができる」ことが記された。逃亡した黒人の広告が新聞に掲載され、見つかった黒人が暴力的に連行されるようになったのはこのヨーク＝タルボット判決の結果のひとつである。[8] したがって、この判決は、西インド諸島のプランテーション経営者の利害に添うものであり、彼らの人気を博した。

これに敢然と挑戦したのがグランヴィル・シャープ（一七五三〜一八一三年）である。彼はこれを覆すべくいくつもの訴訟を通じて、ついに黒人の地位をめぐる論争に一応の決着をつけ、黒人のイギリスにおける自由をうたった一七七二年のマンスフィールド判決にこぎ着けた。ジャマイカから連れてこられた黒人奴隷ジェームス・サマセットに関する裁判で、首席判事を務めたマンスフィールド卿は、イングランドの法はこの国から他の奴隷制の国へ送るために黒人奴隷を強制的に連れ出すことは許さないと宣言した。

かつて研究者は、この七二年マンスフィールド判決が奴隷制終結に持った意味を大きく評価していたが、近年では、奴隷はこの判決で解放されたわけではなく、主人が奴隷をイギリスから強制的に連れ出すことを違法としただけであったと、この判決の意義を制限している。

さらに、この判決の限界は以下のように指摘されている。第一に西インド諸島のプランテーション経営者はこの判決を黙って認めたわけではなく議会の法律によって覆しヨーク＝タルボット判決の方に戻そうとしていた。第二に、彼らは奴隷をイギリスに持ち込むときには、それは年季契約奉公人であると主張するようにした。第三に、彼らは、プランテーションはイギリスの富の主たる源泉であるという事実を強調した。第四に、これがもっとも大きい要因と思われるが、彼らは、マンスフィールド判決を無視して、強制的に彼らの奴隷をイギリスから連行し続けた。[9]

大半は「家内労働」に

以後の研究は、イギリスの「奴隷制」は一七七二年には終わらず、一七七〇年代をはるかに超えて継続したと主張するようになり、奴隷の地位やその時期的な消滅が改めて論議されるようになった。その議論の一つは「奴隷＝従僕（slave-servant）」論である。[10] 奴隷制がいかに終わったかを理解するためには、奴隷訴訟の法制史ではなく、奴隷の社会史が必要であるという、この議論は注目に値する。

すでに見た黒人の数の究明が困難だったように、その内訳、すなわち奴隷黒人と自由黒人の区分けも困難である。奴隷＝従僕論は、奴隷と従僕＝自由黒人という二つの集団が実際に担った仕事に焦点を当てて、これを統合して社会階級としての「従僕階級」を問題としている。奴隷と従僕の区別はもとより、その中間の位置にある奉公人というカテゴリーを明確に突き止めるのはむずかしく、ましてやこの三つと自由黒人との区別も困難としている。その大きな理由は、このすべてのカテゴリーに属すると思われた黒人の従事した仕事が類似していたことである。奴隷にせよ自由黒人にせよ、当時の在英黒人たちは、その大半が「家内労働（domestic service）」の従事者だったからである。

ここで黒人に限らず白人を含む家内労働を確認すると、それは一八世紀の労働市場における最大の雇用分野だった。ロンドンのみに限っても、人口の実に一三分の一に相当する、およそ五万人もの家内労働に従事する「家事使用人＝従僕（domestic servants）」が存在していたと言われている。[11] 黒人であれ白人であれ、この従僕は当該時期最大の職業集団を形成していた。ロンドンにいたこの集団のうち、先に触れたように黒人が少なくとも五〇〇〇人いたとしたら、四万五〇〇〇人の白人の従僕がいたことになろう。

マンスフィールド判決が一七七二年にすべての奴隷を解放したとの神話が破壊されたとするならば、イギリスにおいて奴隷制が実際に存続した時間の長さというもう一つの関心が浮上する。その時期区分としては、マンスフィールド判決を画期点とはせずに、第一は一七六〇年以前、第二は一七六〇〜九〇年、第三は九〇年以後と三つに分けて、第二の一七六〇〜九〇年を奴隷制廃止に至る「移行期」と呼んだ。すなわち奴隷は、七二年のマンスフィールド判決で解放されたわけでもなければ、法律上も一八三四年のイギリス帝国内での奴隷制廃止まで待たなければならなかったわけでもなかった。奴隷は第三の一七九〇年以降に解放されたとの見解である。

「奴隷制」とは何か

すでに裁判史料で出てくる「奴隷制」という言葉を何度も使用しているが、ギリシャ・ローマの古典古代的生産様式に対応した制度としてしか奴隷制は存在しなかったという世界史の通常の理解からすると、一八世紀のイギリス本国で奴隷制が存在していたとの論議には違和感も生じよう。したがってここでは奴隷制という言葉自体を確認しておこう。

まず、一八世紀の世界で奴隷制はカリブ海と北アメリカの植民地にはたしかに存在した。したがって、アフリカ人の奴隷が西インド諸島を経由して、そのままイギリスに来てもその地位は曖昧ながら継続していたので、イギリスにも奴隷制に類似するものがあったと言える。そのために、カリブ海の奴隷制プランテーションにおける暴力性をむき出しにした残酷さは植民地特有の事象だったのではなく、イギリス本国にも紛れもなくあった。

ただし、イギリスの奴隷制は、西インド諸島でのように、生産様式として死活を制するような経済的社会的機能を果たしているというわけではなく、特殊な主人集団の便宜のために個人的な奉仕という特殊な形態で存在していた。この奴隷は数の上ではごく過少にとどまった。イギリス社会においては、少数の富裕層が少数の奴隷を、労働者としてではなく、その富を誇示するために所有していたことになる。[12] こうした議論を支えるのはウォーラーステインによる奴隷制の「もっとも狭義」の「解釈」である。その解釈によると、奴隷制とは「ある人物の他のある人物に対する無期限の労働義務」で「一方的にやめることはでき」ず「奴隷は所有主の意のままになっていたもの」である。[13]

2　逃亡奴隷データベース

一万人から一万五〇〇〇人ほどいたとされる在英黒人はイギリス社会でいかなる生活を送っていたのだろうか。

逃亡奴隷の広告記事

イギリス社会にいた黒人について明らかにする社会史の史料として、一七世紀末頃から一八世紀にかけてのイギリスの新聞に掲載されていた、家内奴隷の逃亡に関する広告がある。最近になってこの逃亡奴隷の広告記事を集積した画期的なデータベースが構築されて公開された。それはグラスゴー大学の研究プロジェクトによる『イギリスの逃亡奴隷――一八世紀の拘束、自由、人種』データベース[14]である。

これは、一七〇〇年から一七八〇年までの間に、逃亡した奴隷や拘束された人びとの捕獲や返還を求める主人や所有者によって掲載された八〇〇本以上の新聞広告記事の研究用データベースである。本データベースは従来断片的な収集にとどまっていた、イングランドとスコットランドで発行された新聞のべ六〇紙に掲載された奴隷逃亡記事を苦心の末、網羅的に収集し直した画期的なものであり、一八世紀在英黒人史研究に新たな進展をもたらすものである。

歴史家の中には、こうした広告は、記事を読んだすべての人びとが逃亡犯捜索の義務を負う、叫喚追跡だったと推測する者もいる。[15]叫喚追跡とは、アングロ・サクソン時代から存在した自警制度であり、喚声をあげながら犯人を追跡することである。これらの広告の法的な裏付けは、イギリスにおける奴隷制の合法性と同様に曖昧なものではあるが、当時を生きていた奴隷たちの状況を理解するための突破口となるものである。

記事数と逃亡者数

このデータベースにエントリーされた逃亡記事の数は八三六である。ただしこの記事数はそのまま逃亡した人の数を意味しない。一つの新聞記事につき、逃亡者一人であれば記事数と逃亡者の数はイコールになるが、データベース作成者が注記するように、一紙だけではなく二紙以上の新聞に掲載された広告が二〇三本、また同じ新聞に繰り返し掲載された広告が五四本、さらに最初の広告に内容を追加して修正を加えた修正記事が九七本ある。これらを逃亡記事数の八三六から引くと残りは四八二となる。

さらに連れや仲間など複数での逃亡記事が六一件あり、このうち黒人男性三人での逃亡例、四人での逃亡例がそれぞれ一件ずつある。二人での逃亡が五九例なので、この一一八人に加えると複数での逃亡者は一二五人となる。一方、四八二から六一を引くと四二一でこれが単独での逃亡者数となろう。四二一に一二五を足すと五四六となる。これが今のところ逃亡奴隷の実数に近い人数とも言えよう。以下で記す本数や事例数とは、この五四六人の実数ではなく、エントリーされた記事の数を指す。

本データベースのイントロダクションは、逃亡しても記事にならなかったことや、そもそも圧倒的多数は逃亡しなかったことについて、以下のように注記する。きわめて多くの、ないし大多数の主人は、奴隷化したり拘束したりした「従僕（servant）」が逃亡したからといって新聞記事にはしなかった可能性が大いにある。さらには、こうした従僕の大多数は逃亡自体を企てなかった可能性も同じくらい高い。一八世紀半ばのイギリス領ジャマイカで逃亡を企てたのは年間で奴隷人口の二％以下しかいなかったし、北アメリカの逃亡奴隷ではこれより少し割合が上昇するにしても、いずれの割合も奴隷人口のごくわずかの少数派を占めるにとどまる。

イギリスで逃亡を試みた奴隷化や拘束下にあった人びとの割合がジャマイカや北アメリカよりも高かったことは考えられる。たとえば、五四六人の実数は当時一万から一万五〇〇〇人いたとされる在英黒人の三・六％から五・五％ほどに相当する。しかし、この割合にしても、データベースに収集された八〇〇本以上の逃亡広告記事は、一七〇〇年から一七八〇年までにイギリスにいた黒人の全人口のごく一部にすぎなかったことを歴然と示す。

逃亡記事の実例

記事数や逃亡者数を確認した上で、何はともあれまずは、逃亡奴隷の広告記事の実例を見ておこう。この時代の新聞は通常全四頁で広告は三頁目か四頁目に載せられる。

デイヴィッド・マラト、今月二日に主人から逃亡。黒人で一七歳前後、短いもじゃもじゃ頭をしている。青色の裏地が入り、王金のボタンが付いた白っぽい布地のお仕着せを着ている。頭にはターバンを巻いている。トランペットを吹く。彼を確保して、ソーホー近くのキングズストリートのエドワード・タルボット殿まで連れてきた者には、五ギニーの報酬を与える。

これは、『ブリティシュ・アポロ』という新聞に掲載された一七〇八年二月一三日付けの記事(British Apollo, 1708-02-13)で、もちろん本データベースにもある記事である。まず取り上げる理由はここに何か特別なことが書き込まれているからではなく、これがあまりに典型的な記事だからである。

ここでは、名前、逃亡日時、年齢、髪の毛などの身体の特徴、逃亡時の服装、楽器を弾くなどの技能、通報先の住所と氏名、懸賞金等の記載が、きわめて簡潔だが項目としては十分なほど書き込まれている。全体の字数は少ないながら服装に関してはもっとも字数を費やして記述されている。この事例では省略されているが、他の記事で見られる項目としては、出身地、英語の上手下手、身体に関する情報では肌の色はもちろん、短軀か長身かの背丈などの他に肉体の損傷や病気とその後遺症が書き込まれ、他にも主人の住所、名前、職業等がある。

これはイギリスの新聞広告記事で独自の書式というより、北アメリカやカリブ海での逃亡奴隷記事の書式に忠実に従ったものである。現に北アメリカやカリブ海の植民地で発行された新聞には、プランテーションから密かに逃亡したアフリカ人たちの懸賞金付き広告が、一頁全部を割いて掲載されていた。したがって、逃亡奴隷広告はイギリス独自のものでもイギリス発祥でもなく、またしても植民地の模倣であり、奴隷制廃止論者トマス・クラークソンが言う「奴隷制の国で見かける広告とまったく同じ野蛮な方法」であった。[16]

このデータベースの重要性に鑑みれば、主人側のデータも含めた全項目にわたり事細かに検討していくことが必要だが[17]、ここではあくまで逃亡奴隷側に限り、それも奴隷貿易や奴隷制に深く関連するデータの検討に限定する。とくに注目すべきは「身体の特徴」であり、その内でも、奴隷制のもとに生きた証である、すさまじい暴力を示す耳そぎや鞭打ちなどの傷痕や烙印などの記述である。次いで、逃亡奴隷の内面であり、なかなか見えてこない逃亡者の心の内が浮かび上がる、性格、宗教、言語、衣服といった記載である。中でも西インド諸島への再送還に対する恐怖が逃亡を促したとの記事は、数こそ少ないものの逃亡の動機を解明する貴重なデータとなる。

動機を垣間見せてくれるといっても記事内容を届けた主人側の推測にすぎず、その他の全項目もすべて主人による記述や記載である。しかし、白人の主人が残した記録にもかかわらず、逃亡して記事に書かれなければ、とうてい歴史には残らなかったであろう黒人の男女や子供は、意図せずして自分自身の生活、時には動機の記録すらを残すことになった。彼ら彼女たちの主体性をすこしでも見出したい本書の意図にも添うのである。

3　身体の特徴、傷痕と「内面」

さて、逃亡奴隷捜索の広告には、どのような情報が掲載されていたのだろうか。まずは基本的な属性から見ていこう。

性別

まずは性別、名前、年齢などの基本データから見ていこう。それらを記載率順に見ていくと、「性別」はさすがに記載漏れが皆無で記載率一〇〇％となっている。女性が五八本で、男性が七七八本であり、それぞれの比率は六・九％、九三・一％である。逃亡者は男性が圧倒的である。歴史家によりり、在英黒人のうち約八割が男性で、残りの約二割が女性だったと推測されている。[18] これはおおむね、イギリス人奴隷貿易商によって、アフリカから輸送された奴隷の比率と一致するものだった。[19] これに照らせば、ここでの逃亡奴隷の男性優位の数字はこれらの比率をも上回る。

人種の記述語

「人種の記述語」の項目の記載なしはわずか二本にとどまり、記載率はほぼ一〇〇％で、性別の次に高い。実際に使われている記述用語としては、「ニグロ（Negro）」単独が五二二本、他に Black Negro、Creole Negro などと何らかの形容詞で修飾された Negro も含めると五四五本となり、さらに Negro Black などと形容詞として使われているものも含めると Negro の使用例は五五五本となる。

「黒人（Black）」は単独で一三二本あり、上と同様、East India Black など形容詞が修飾する例を含めると一五九本、Black Indian など形容詞として使われているものも加えると、一八八本となる。

「ブラックムーア（Blackamore/Blackmoor）」は、Blackamore、Blackmoor と各一例出ている。本データベース「語彙解説」によると、この「ブラックムーア」は「黒人」と「ニグロ」という言葉とまったく同様に「イギリス人が使う、黒い肌をした全集団、とくにサハラ以南を出自とする人を示す言葉」とされている。これは前章で確認した『オックスフォード英語辞典』の説明とほぼ同じである。

「ムーア（Moor/Moore）」は Tawny Moor、Black Moore と各一例出ている。古代ローマ期やシェイクスピア作品で出てきた時に、これも『オックスフォード英語辞典』でその意味を確認しているが、データベースの語彙解説では省略されている。

「クレオール（Creole）」はいずれも形容詞として使われている計五本である。語彙解説には「カリブ海あるいはアメリカの植民地で生まれたアフリカ人、ヨーロッパ人、もしくはこの両方の子孫」とある。

「ムラート（Mullato/Mulato/Mollato/Mellato）」は単独および「Mulatto or Indian」と or がついたものも含めて三三本あり、形容詞で修飾した例が四〇本、さらに形容詞として使われた例が四六本で、合計一一九本となる。語彙解説では「人種混合の人を指すのに使われる用語」である。

「トーニー（Tawny/Tawney）」は同じように形容詞も含めて一一本である。語彙解説では「褐色ないし黄褐色の肌の色を意味する用語」である。

「インド人（Indian）」（本データベースのガイドでは「たとえば南アジア人、アメリカ先住民（South Asian, Native American）」としている）は五二件出ており、その内訳は Indian 単独が三〇本、East Indian が単独で九本、East-Indian black、East-Indian Negro といった形容詞も含めると合計一三本、他に Indian Black が四本、black Indian が一本などとなっている。「北アメリカ先住民（North American Indian）」は二本である。

以上より人種の記述語は、「ニグロ」が圧倒的に多く、次いで「黒人」となっており、それに「ムラート」や「インド人」が続いている。

年齢

名前と並ぶ逃亡者の基本データと思われる「年齢」の記載率は名前の記載率より三%ほど高くなっている。記載がないのは一〇七本（一二・八%）で、これを差し引いた記載ありが七二九本（八七・二%）である。若い（young）とか中年（middle-aged）、老人（old）といった老若の形容詞で示された年齢分布では、圧倒的にyoungおよびboyが多く、形容詞ではなく数字で示された年齢でも、一〇代最後から二〇代前半の若年層が多くなっている。他の年齢は一〇代から四〇代まで散らばって、最年少が六歳（女子）、最年長が五二歳（男性）である。

ほとんどは届け出た主人による推定を意味する「約、前後（about）」という形容詞が付けられているか「二〇歳から二一歳まで」と幅を持たせるかしている。こうした大ざっぱさを前提にすると、厳密な平均年齢などはあまり意味のないことかも知れないが、幅を持たせた例を除外し、具体的な年齢だけが記された逃亡者の平均年齢を求めていくと、一九・六歳と出た。ちなみに、五八本ある逃亡した女性の記事に限定して、逃亡女性の平均年齢をはじき出してみると、二〇・五歳である。

名前

「名前」は逃亡者についてのもっとも基本的なデータであり、人捜しにもっとも不可欠な情報にもかかわらず名前自体が記載されていない記事が一三九本で全体の一六・六%である。残りの六九七本が記載ありでこれは全体の八三・四％となる。名前の記載のあるものでも、その多くは売買時に主人から与えられた名（いわゆるクリスチャンネーム）だったり姓（ファミリーネーム）だったりした。本来はもちろん故郷でのアフリカ名があるのだが売られた時に改名された。名前からして奴隷貿易や奴隷制との関連がうかがわれるのである。

検索をかけると、多い順にジョン（ジャックも含めて）、次いでトーマス（トムも含めて）、ウィリアム（ウィルも含めて）があり、これに、ピーター、ジェイムズ、ジョージなどが続いている。これらは、イングランドに通常見られる定番の名であり、その多様性もイングランドやスコットランドにある名の多様性を反映している。[20] イングランドの地名にちなんだ名前もブリストル、ロンドンなどが散見される。他に目に付くのは、古代ローマ史の著名政治家やギリシャやローマの神話にちなんだシーザー、ポンペイウス、カトー、キューピッド、マーキュリー、ヘラクレスである。

典型的なのは、いずれも数例にとどまるが前章のシェイクスピア作品の登場人物にちなんだオセロー、アフリカの部族名と思われるイボやエボ、黒人そのものやその別称ないし蔑称とも言えるブラック、ムーア、サンボ、ジャンボなどがあり、植民地の物品にちなんだと思われるシュガー（砂糖）、シナモン（肉桂）などの名も見られる。カリブ海でのとくにクレオール語を話す人びとの間で、西アフリカの慣習から、子供の性別と生まれた曜日が分かるよう付けられる名前であるQuが接頭に付いた「誕生日名（day name）」[21]も散見される。

起源

「起源」の項目に記載されているのは一九九本で記載率は二三・八％である。他の基本データの項目と比較すると格段に低い。逃亡者の出生地を指す場合と売買が行われた場所を指す場合がある。七七本ともっとも多い「アフリカ」、ついで多い「南アジア」の五七本（「東インド」の一本を含めれば五八本）、各一本ずつある「セントヘレナ」「ポルトガル」「連合王国」は出生地を示すと思われる。「西インド諸島」の四〇本、「北アメリカ」の二〇本（「北アメリカ／西インド諸島」の一本を含めると二一本）は、売買が行われた場所と思われる。

ただ、ここに登場する逃亡黒人はほぼすべて、それにおそらく七六・二％の未記載分の多くも、西インド諸島や北アメリカからやってきたことを前提にすると、アフリカを出生地にする者のほぼすべては西インド諸島を経由していると考えられ、南アジアを出生地にする者も多くは西インド諸島に出入りする船乗りと考えられるために、アフリカや南アジアから直接来ているとは考えにくい。このことを示すのは先の名前であり、起源をアフリカ、南アジアとする者の名前と照合すると、ほぼすべてはイングランドの定番の名、地名、神話、蔑称、誕生日名が付けられている。

次に、身体に関するデータがある。これには、肌の色、身長だけでなく、傷痕や焼き印の痕なども見られる。これらのデータも記載率順に見ていくと、まず「身体の特徴」の記載率は八一・五％ともっとも高い。人の目に付きやすく、手っ取り早く本人と見分けられるからだ。

肌の色

「身体の特徴」の中でも、まずは当然ながら肌の色の描写が多くなる。目につくのは、「きわめて濃い黒」「完璧な黒」「驚くべき黒さ」「真に黒い」「著しく黒い」「とても黒い」「深い黒」「木炭のような黒」「石炭のように黒い」等々の「漆黒」を意味する言葉の数々である。「黒い（black）」「浅黒い（swarthy）」が単体で使われているのはそれぞれ一例とごくまれである。「漆黒ではない」「もっとも黒い肌ではない」も黒さの階梯ではこれら漆黒の下に位置するであろう。「赤銅色（copper colour）」あるいは「とても黒いというよりオリーブ色の肌合い」として「オリーブ色＝日焼けした肌のような黄褐色（olive）」の使用例も「とても黒い」の下に位置する例である。これらは先の人種の記述語の項目でいう「ニグロ」「黒人」「ブラックムーア」「クレオール」の人びとの肌の色であろう。

黒以外の色としては「茶色ないし褐色（brown）」関連は「茶色がかった黒」「茶色」「茶色がかっている」「茶色ないしトーニー」などと描写され、「トーニー＝黄褐色（tawny）」は単体の形容詞での使用が多いが「黒いトーニー」「とてもトーニー」「いくらかトーニー」とそれぞれ「茶色」内でも「トーニー」内でも表現が多様である。「黄褐色（mulatto）」は単体での使用と「濃い黄褐色」との使用がある。先の人種の記述語の分類でいう「ムラート」や「トーニー」の「人種混合の人」に多く使われている。

「黄色（yellow）」関連は「黄色」「黄色がかっている」単体での使用が多いが、「トーニーがかった黄色」「いくらか黄色」「とても黄色」とこれも表現は多様である。さらに、白人の形容詞に使われたりすることもある「色が薄い、淡い（pale）」は「通常のニグロよりかなり白い（pale）」といった使用例の他に、人種の記述語の分類で「人種混合の人」とされた「ムラート」の逃亡者の肌の色を「黒さが薄い肌色（pale complexion）」と示す一例がある。黄色やペールは人種の記述語の分類でいう「インド人」や「北アメリカ先住民」に使われてもよさそうだが、使用例は認められない。

以上、漆黒からペールまで肌の色を示す形容詞の多様性や細かな分類および階梯性といった、肌の色のスペクトラムには、驚くしかないが、もちろん当時、全体的な肌の色の濃淡の比較表があったわけではなく、身長の高低と同じように、主人が逃亡者の肌の色を個々別々に新聞記者に届けたにすぎないと思われる。ただどれもこれも一日も早く捕獲すべく微妙な差異を示すための形容詞であったといえよう。

肌の色の他に、くちびるは「驚くほど厚い」「非常に厚い」「厚い」、鼻は「拡がっている」「ぺちゃんこになっている」「平べったい」、髪の毛は「カールがかかっている」「もじゃもじゃ」と特徴を形容する例が並んでいる。女性の身体に関しても、黒さの段階、くちびるや鼻や鼻孔の形状への形容詞、体格の「太っている」「痩せている」「均整が取れている」は男性と同様ながらも「魅力的な容姿」「豊満な乳房」「大きなお尻」という女性に特定される形容詞の例もあった。容姿に関しては、男性にも「黒人にしては顔立ちが美しい」「ハンサム」「美しい容貌、見栄えがよい」といった顔立ちの形容詞や「がっちり均整が取れてハンサム」「美しい容貌、格好のよい身体」の例のように体格と容貌を併せて形容した例もある。

身長

「身長」の記載率は六四・八％と「身体の特徴」に次いで高く、これも逃亡者を見分ける格好の指標となっていることをうかがわせる。「とても高い」「高い」「まずまず高い」「彼の年齢相応に高い」「彼の年齢にしては高い」「中程のサイズ」「中位の身長」「高くはない」「背が低い」「短軀」「チビ」「年齢の割には驚くほど低い」と高低を多様にきめ細かく伝える文言はやはり、逃亡者の判定に役立ち、見つけやすくするためであろう。仲間と逃亡した例では「一人は低いがもう一人は高い」「〔背の低い妹〕よりかなり高い」「〔連れの者ほど〕高くない」とその片割れとの身長差を注記して高低差のある連れをおそらく判別しやすくした。

数字のみの単純記載では、身長六六インチ（約一六八センチメートル）が五七本ともっとも多く、次いで六五インチの三一本、六四インチの二九本が続いている。最高身長は七八インチ（約一九八センチメートル）、最低身長は四八インチ（約一二二センチメートル）である。平均身長を出すには、高低のみの形容詞での表示の他に「約」「前後」「おそらく」のように、幅を持たせた記述など推定があまりにも多く、算出は困難である。女性に限ると身長の高中低の分布はほぼ均等であり、数字のみの記載は数が少ないので平均を算出したところ、六四・二インチ（約一六三センチメートル）であった。

傷痕

「傷痕」の項目は、言及されたすべての身体の傷を拾っている。これが記載されているのは一二九本（一五・四％）である。奴隷制下の懲罰として代表的な鞭打ちの痕をうかがわせる背中の傷は四本にあ大小の傷が圧倒的だが、腕、胸、肩、背中など衣服に隠れて通常は見えにくい部位の傷の記述もある。他には、顔（額、目の周囲、こめかみ、頬、顎）や頭、喉、首、両手など目に見える部分に負った傷もある。

疾病、損傷

「疾病」の記載率は一三・四％である。疾病名のほぼすべては「天然痘（smallpox）」である。この病気は治癒しても顔にいわゆる「痘痕（あばた）」を残すために逃亡者の格好の識別項目となったと思われる。

「損傷」の記載率は八・〇％（六七本）であり、少ないもののこれも奴隷制の痕跡として注目に値する。おそらく一目瞭然で見分けをつけさせるために記載された。多くは身体のあちこちに残る病気や怪我の痕や腫れ物などの軽傷を示すが、「両足とも骨折しており脛骨（向こうずねの骨）がかなりむき出しになっている」とか「右手の裏にかなり大きな切り込みが入っていてほぼ利かなくなっており、ぶらぶら状態」などのかなり深刻な例もあり、やや数が多く目立っているのは一〇本にのぼる「足を引きずっている（lame）」例である。他にも「左耳の一部を犬に食いちぎられた」「太ももにマスケット銃の弾丸が貫通している」「馬に蹴られて顔面に傷」と記述されている例も見られる。

西インド諸島から売られてきた者を中心として明らかに奴隷制下の懲罰に由来すると思われるのは「片耳をえぐられている」などの耳の切断の三本である。西インド諸島や北米の植民地では逃亡した奴隷に懲罰として耳をそぐことがあったことは広く知られている。他にも片目や手や足の指の一部の欠損、鼻孔の一部が削りとられているとの例も見られるが、こちらは必ずしも懲罰とは関係がないかもしれない。

痛みを抱え、足を引きずり、足の指を欠損していては逃亡に差し支えも生じるであろうことはただちに予想できる。彼らの逃避行はこうした身体的な困難をも乗り越えて敢行されたことを意味しよう。もちろん、主人は、逃亡者をすぐさま見つけ出すための目の付け所としてこれらの損傷を事細かに伝達して貴重な情報とした。

国のしるし、プランテーションのしるし

身体に関するデータとしては、他に「国のしるし」と「プランテーションのしるし」があり、そのうち、国のしるしとは、頬、額、腕、胴にバラ、ダイヤモンド、十字、矢といった模様が施された儀式のための乱刺、および削られて鋭く尖った歯を指す。両方とも西アフリカや中央アフリカで広く行われていた風習であり、南北アメリカ大陸では行われなかったものである。この記載があるのは男女合わせて六三本であり、起源の項目で見たアフリカを起源とする七七本とほぼ重なる。

プランテーションのしるしとは、通常は所有者の名前のイニシャルを焼きごてで入れたものである。九歳の男児に刻まれた「ニグロのマーク」といったような二五本の記載がある。これから複数回の同記事掲載者を除くとこのしるしを持つのは実質二一名となる。身体の部位は、男女老若を問わず両胸、両肩であり、経年劣化で「かすれたりしている」イニシャルや文字の他に、「1764」といった西暦やハートマーク、あるいは「西インド諸島の主人のプランテーション・マーク、すなわちI.8.G.」といったプランテーション名と思われる文字が添えられた例もある。国のしるしが奴隷制とは無縁なものであるのと対照的に、プランテーションのしるしは奴隷制の悪名高い証拠に他ならない。

さらに広告は、身体に関する項目から一転して、外見からは判断できない「人間性」、内面も対象にしている。

衣服

まずは「衣服」である。衣服の記載率は八〇・三％（六七一本）であり、先の身体の特徴と並ぶ記載率となっている。衣服は寒さを防いだり暖を取ったりして身体を覆うために身体のカテゴリーとも見なされるが、気に入って着用したりその真逆に嫌悪して脱いだりする者の価値観を表すので内面を示すこともある。字数の多さも身体の特徴の記述と同様である。記載率の高さと字数の多さの理由は、逃亡者を見つけて通知してもらうためには、詳細な情報を記しておく必要があったからであり、虚偽はもちろん誇張や省略もできないまま事細かに伝えなければならなかったからである。

本データベースに登場する上着から靴下までの様々なアイテム、縫製、生地などの素材、染色技術の発達による色彩の多様性とめまぐるしい流行は、服飾史家の関心をそそるが、ここでは従僕や奴隷との関連から「お仕着せ（livery）」の一〇一本、「首輪（collar）」の二七本にとどめる。お仕着せとは裕福な家の富を誇示し象徴するいわば〝ペット〟として連れてこられた黒人少年少女のユニフォームである。もちろん彼ら全員がお仕着せを着せられていたわけでもないし、逃亡者のすべてがお仕着せを着たまま失踪したわけでもなかった。

お仕着せをまとっていた黒人の中には、その着用に誇りを感じたり気に入っていたりした者もいたことはたしかではあるが、逃亡者の多くはおそらくそうではなかった。彼らの多くはいわば着の身着のままの逃亡だったので、判定されやすい逃亡時のお仕着せをすぐに脱いで別な衣服に「着替えている」可能性が高いとの注意書きも度々加えられた。

布製の柔らかい襟とは区別される金属製の首輪は七本にあり、鋼鉄が三本、真鍮が二本、銀が一本、不明が一本となっている。それらには主人の「名前が記されている」とか金属には「文字が彫り込まれている」と記述された。首輪は奴隷化されていることを示唆するし、そうであるがためにお仕着せ同様、逃亡直後にすぐさまはずしているだろうと推測・注記した事例もある。

言語

逃亡者が話せる言語について記した「言語」の記載率は三九・〇％（三二六本）である。このうち言及されている各言語は、英語が三〇九本、フランス語が三一本、ポルトガル語が一一本、スペイン語が一〇本、イタリア語が一本となっている。母語として話していた可能性もあるアフリカの諸語に関する言及はアラビア語の一本を除けば当然ながらいっさいない。

英語単独で記述されているのは一九九本で、あとは英語以外の言語との組み合わせ、すなわち、多言語使用が記述されている。多言語使用には、英語との組み合わせや英語以外の言語同士の組み合わせからなる二言語使用の他、三言語使用はおろか四言語使用もある。これらは、当時のグローバル化やその結果たる多言語状況、およびイギリスにたどり着く前の英語以外の言語環境をつぶさに語る。

英語に限ってみても、まずその英語にも「訛り」があった。「ひどい訛りがある」と記述されたのはランカシャーでの暮らしを思わせる「訛ったランカシャー方言」、スコットランド低地での生活を思わせる「スコッチ語」、それに「ニグロ英語」であり、それぞれ二本ずつ記述されている。

興味深いのは、主人による逃亡者の英語能力の評価である。その評言を高い評価から低い評価まで主なもののみ並べていくと、以下の通りになる。「かなりうまい英語を話し、引きつける話し方をする」「英語を自在にあやつりイングランドの従僕と同じほどうまい」「流暢に話す」「驚くほどうまい英語を話す」「かなりうまく英語を話す」「とてもうまい英語を話す」「うまく英語を話す」「ほどほどうまく英語を話す」「まあまあの英語しか話さない」「英語をいくらか話せる」「不完全な英語を話す」「とても不完全な英語を話す」「少し怪しげな英語を話す」「いくらか怪しげな英語を話せる」「怪しげな英語を話す」「かなり怪しげな英語を話す」「怪しげな英語を強く訛って話す」「英語を少ししか話せない」「とうてい分からない下手な英語を話す」「とても下手な英語を話す」「英語を話さないかそれに近い」「英語を話さない」「英語を少しも話せない」。

このように評言は、先の肌の色のように、かなり細かく区分けが行われているが、その微妙な差異は不明としか言えない。個々の逃亡者の言語能力の上手下手の評価はそれぞれの主人の主観に基づくもので、肌の色と同様、何か全体的な基準があってそれに添って判定されているものではなかった。

この評言の羅列を仮に、「うまく英語を話す」までが上級、「ほどほどうまく英語を話す」から「英語をいくらか話せる」までが中級、「不完全な英語を話す」から「とても下手な英語を話す」までが下級、「英語を話さないかそれに近い」以下を番外と区分けすると、それぞれ五八本、三六本、四二本、三本となる。上級者の多さは西インド諸島や北米の植民地といった英語圏で暮らした黒人の多さを物語るだろうし、下級や番外は非英語圏の出自を示すかもしれない。

逃亡との関連でとくに関心を抱かせるのは、英語がまったく話せないのに逃亡した「番外」の三本である。その一本では「英語を話さない」一四歳の「ニグロ少女」が英語をいっさい話さないために「戻ってこようにも住所すら言えない」ことを伝えている。住所も言えないまま、文字通り五里霧中の町中に逃亡した少女はどこをさまよったのか。また一言も英語を発しない一四歳の少女に降りかかった、万やむを得ず逃亡せざるを得なかった事情は何だったのか、と思いを馳せずにはいられない。「吃音」も発話した時にたちまち特定できる証と考えられたためだろうか、二二本に記された。総じて、逃亡記事に英語の上手下手の評価をこれだけ書き込み、訛りや吃音に触れたのは、怪しいと思った黒人が口に出す言葉を少しでも聞いて通報に及ぶための格好の材料とするためであろう。

宗教

「宗教」は内面そのものとなるが、ここにみられるのは「最近洗礼を受けたと思われる」「英語をとてもうまく話す」二〇歳女性の事例（Daily Advertiser, 1746-11-04）も含めたキリスト教信者としての逃亡者の記述である。宗教の記載があるのは一九本である。この二〇歳の女性は洗礼を受けてキリスト教徒になっていた。しかし、上記のように一七二九年のヨーク＝タルボット判決により奴隷は洗礼によっても自由は与えられないことになっていたため、彼女の女性主人宅での境遇はおそらくよくはなかった。

性格

「性格」はわずか一五本にしか記載されていない。複数回掲載の同一人物を除くと性格が記載されたのは実質一三人の少数となる。あくまで逃亡記事を手配した人物、多くは主人の主観に基づいているが黒人の内面に迫る貴重な情報である。「人を引き付ける」「陽気」などの肯定的な描写はごくわずかで、主人にとっては望ましいと思われる「とても従順で愛想をよくしようとする」も一本にとどまり、あとは「不服従」「腹黒い」「狡猾」「ずる賢い」「無礼」「陰気」「無愛想で強情」「狡っ辛い奴」といった主人にとっては厄介で反抗的な者、また不気味で何を考えているのか不明な者たちの羅列となっている。

動機

「動機」はあまたの逃亡劇に関して後世の歴史家としてはもっとも知りたいことの一つではあるが、このデータベースでそれらしきものが記載されているのはわずか四本である。「騙されたから」「そそのかされたから」「窃盗の疑いを頻繁にかけられたから」の他に、次の記事の一節（Daily Advertiser, 1732-10-28）は一考に値する。

彼が（自分の意志で）家に帰るならば、主人は彼に絶対的に許しを与えるし、当人を海の向こうに送還する考えはいささかもないことを宣言する。この送還の恐怖が彼の奉仕を放棄する契機となったのだから（と信じられている）。しかし［彼が］落ち度をしかるべく認めるならば［主人は〕懇切に迎え入れるだろう。

この一七歳の少年にとって、主人に「奉仕」するロンドンの中心部ホルボーンでの生活は、西インド諸島の奴隷制のもとにおかれた奴隷としての生活に比べると、段違いの衣食住を保証された快適なものだったに違いない。しかし、この事例は、いったんイギリスに来てもいつまた海の向こうへ送還されるかわからないとの恐怖があったこと、この再送還を回避するために逃亡に及んだこと、さらには「懇切」な態度をとる主人もこれらの事情を認識していたことを示す。

4　どこへ、どう逃げたのか

盗んで逃亡　どこからどこへ

黒人たちはいざ逃亡を実行するときに、金品を盗んで逃亡することもあった。これは逃亡時に主人や仲間の従僕から物品を盗んでいくものであり、逃亡者から見ると格好の盗品であるが、盗まれた方にとっては大きな損失であり躍起となって疑いをかけて「罪の告発」として記述された。一一八本ほどの「窃盗」の事例がある。盗みの対象となったのはまず現金で、最高三〇ポンド、スペインドルもあった。次いで金目のもので、金属、楽器、とくに高価な衣服である。現金はいわば逃走資金となったし、物品も売れれば資金となった可能性もある。

黒人たちはどこから逃亡したのか。まずは「船舶からの逃亡」は一六四本（一九・六％）である。多くはテムズ川などに停泊している船舶から逃亡した。次いで、イングランド、スコットランド、アイルランド、ウェールズその他の各「地域」からの「逃亡」の記載は五一四本（六一・五％）である。それぞれの地域の内訳はイングランドが四五〇本、スコットランドが五一本、アイルランドが三本、ウェールズが三本、西インド諸島が一本、北アメリカが二本、ブリストルが一本、ポルトガルが一本である。

さらに限定された都市名、州名、船舶名などの特定の場所が示されている「特定の場所からの逃亡」には、二三〇本ほどと他を圧するほど多いイングランドの中でもやはりロンドンが最多の一五〇本ほど、ロンドン以外のイングランドはブリストルが二八本、リヴァプール七本、プリマス三本、ポーツマス一本など港町をはじめとして遠隔地も合わせて五〇本ほど、ロンドン周辺をはじめとした各州を合わせて二八本ほどの記載がある。スコットランド内は、グラスゴー九本、エディンバラ四本など三〇本ほど、ウェールズ内が五本、アイルランド内が四本である。

逃亡者はどこへ逃亡したか。主人の推定にすぎないが、これらの記事には逃亡者の逃亡先の「地域」と「特定された行き先」を記すことがあった。それぞれ一一九本（一四・二％）と一三一本（一五・七％）の記載がある。これは先の、地域や特定の場所からといった、どこから逃亡したかの記載率に比較するとかなり減少している。どこからの方は実際にどこで逃亡が起きたかを事実として伝える必要があった。それに対してどこへの方は事実ではなくあくまで行ったかもしれないとの推定にとどまっており、必ずしも記載する必要がなかった。

ただ推定にしてもここへ行ったはずと、探索地の目星を付けておくことは重要であり、再捕獲者＝探索者への有益な情報ともなった。「地域」別にはイングランドが八五本（その内訳は南東イングランドが七四本と断トツに多く、その他が数本ずつで続く）、スコットランドが二本、ウェールズが一本となっている。「特定された行き先」は七〇本あるイングランドの中でも断然多いのはロンドン市内、それもシティとシティに隣接する地区が一五本、次いでロンドン周辺州内の地名が六本、テムズ川などの船舶が四本となっているのでロンドンとその近郊は合計二五本となっている。

以上より、どこからどこへ逃亡したのかを総括すると、スコットランドやウェールズではその地域内で完結したり、イングランド内でもブリストルやリヴァプールからロンドンに来たりする例もあるが、それより多いのはロンドンとその近郊から同じロンドンとその近郊へという事例であり、逃亡劇は遠い地域からロンドンに逃亡してきたというイメージがあるものの、ロンドン近郊の割と近場で起きていたとも推測される。

避難場所

推定ながらかなり具体的な避難先を特定している記事もある。「彼女が持ち逃げしたほぼすべての物、彼女自身も含めて彼女の主人の財産である」と窃盗の疑いをかけられて、ロンドン・グリニッジから逃亡した二四〜二五歳のとても背の高い女性の逃亡先＝避難先は「とある西インド諸島・ジェントルマン家族にいるニグロたちの間に避難していると思われる」と推定されている（Daily Advertiser, 1760-07-18）。このジェントルマン家族とは何者でロンドンのどこにいたのかはここでは不明であるが、治安判事ジョン・フィールディングが不満を述べた、西インド諸島から帰国した、奴隷を所有しているジェントルマンの一人かも知れない。

彼によると、これらのジェントルマンは、黒人を「家内労働をこなす上で不可欠な素養を身に付けさせるために教育する」目的で「莫大な支出をしている」し、「賃金を要求する権利を持たない安上がりな従僕として、イングランドに連れてくる」からである。[22] この家族は、逃亡してきたニグロを西インド諸島に再送還してしまう他の西インド諸島プランテーション経営者たちとは異なり、かくまっていた可能性がある。いずれにせよ、盗品を抱えて逃げ込めた避難場所であることは間違いなく、この記事は逃亡した女性もその主人もその存在を知っていたことをうかがわせる。

同様にシーザーという名の一七歳の少年を「ドルーリーレインの悪評の立つ家で見かけた」とある例（Daily Advertiser, 1737-01-25）での「悪評」の家はいわゆる悪所＝遊郭である可能性が高いが、あるいは避難場所の可能性もあり、そのいずれにせよ主人にとってははなはだ迷惑な場所だった。どうやら避難場所のありかとその情報は黒人のみならず主人側も把握していたようにも見える。これをある程度立証するのは、逃亡者をかくまったり、もてなしたり、雇ったりすれば、危険にさらされたり、損害を被ったり、「法律の及ぶ最大限の厳しさまで告訴され」たりする、との「警告通知」が記された記事が二七四本（三二・八％）にのぼったことである。

連れ

逃亡者の避難先となったり、逃亡者をかくまったりする事例との関連で、「連れ」の項目に注目してみよう。本データベースに出てくるほとんどすべての逃亡は一人で遂行された。その意味では、彼らの逃亡はたった一人で行われた解放劇であり、たった一人の反乱であった。とはいえ、この連れの項目は、一人ではなく連れや相棒を伴って逃亡した事例もあったことを示す。

こうした逃避行は、六一本あり、全体の七・三％にすぎないが興味深い点も浮かび上がる。多くは黒人男性のペアで逃げたが、黒人男性三人での逃亡が一本、四人でも一本ある。これらの連れや相棒の黒人は「同じ肌の色をした何人かに誘惑された」「兵隊のいでたちをした男におびき寄せられた」「無分別な助言者〔複数〕がいた」と記述され、主人にとっては警戒すべき者たちであったことは疑い得ない。

黒人同士ではなく黒人と白人が示し合わせて逃亡したと思われる事例、すなわち逃亡黒人に白人の連れや相棒を伴った事例は、男性の場合、一人の黒人が一人の白人と逃げた例が少なくとも二本、「二人のニグロが逃げたが彼らと同行したと思われる白人の助けを借りてロンドンに行くものと考えられる」という一本もある。これは白人が助っ人となり、結局、黒人二人と白人一人の三人の逃避行ということになった例である。助け合う黒人と白人もいたということになる。

女性の逃亡に連れがいた場合は、「首に瘰癧（るいれき）が出て腫れ上がっている」一八歳の姉と、姉より「かなり身長がある」一六歳の妹の二人で逃げた例や、「女二人」で逃げた例が六例ほどあり、連れを伴う比率も男性よりも高い。中には「下心のある腹黒いよこしまな人物にたぶらかされていると信じられ、赤の折り返しが付いた茶色のお仕着せをまとった二人のニグロの男と一緒にいるところを見られている」とある例があり、これは「よこしまな人物」「二人のニグロの男」とは誰か、彼らとは実際に同行したのかは不明なものの「一緒にいるところを見られ」た事例である。

他にも「他の何人かの黒人〔複数〕にすっかり欺されたと思われる」例、「くだんのニグロ従僕〔彼女〕は船乗りにおびき寄せられ、こうした手口で海外のプランテーション行きの船舶に乗せられているとの疑いがある」例があり、いずれも欺したりおびき寄せたりしているのは黒人男性であり、連れになっている可能性も高い。

これらは黒人女性同士や黒人男性と連携した逃亡であったが、黒人男性が白人女性を伴った男女のカップルでの逃亡例もある。「妻を装った痩せて中背で病弱の女に逃げるようそそのかされて」男女二人で逃げた例、「メアリ・ブルーク、彼女は彼の妻と名乗る」と、女性を連れにした例が各一本ある。「妻を装った」「妻と名乗る」と記された女性の肌の色の記載はないが、白人女性である可能性は高い。そうであれば、妻＝白人女性を連れにした男性の場合、すなわち男女のカップルでの逃亡例は何を語るであろうか。これはわずか二例にとどまっているものの、この逃亡の背景や前途には黒人を様々な意味で援助する広大なイギリスの白人社会が広がっていたことを示す。

結婚と読み書き能力

ここで逃亡した者であれ逃亡しなかった者であれ、在英黒人全体を見ると、先に触れたように、在英黒人のうち約八割が男性で、約二割が女性だった。この逃亡者の記事のデータベースでも男性が九三・一％と圧倒的多数だった。そこで、困難ではあるが生計を立てていくめどがたった黒人男性が、交際をへて結婚するにいたる状況を想定すると、彼らの結婚相手としての黒人女性は少なすぎて、その選択肢は事実上白人女性に限られていた。

もっとも著名な黒人たちの伝記を通じて分かるのは、異人種間での結婚が当時の人びとにとっては、取り立てて騒ぐまでもない事象だったということである。

実際に、後述するオラウダ・イクイアーノ、[23]ビル・リッチモンド、フランシス・バーバーは、全員が白人女性と結婚した。また、彼ら全員が子供を授かっており、その中でもイクイアーノは成人するまで生き延びた娘に対して、ささやかな額の財産を遺贈した。[24]イクイアーノらは、結婚を通じて妻や子供たちを得ただけではなく、妻の係累を通じた、より広い意味での家族と、その彼らが持っていたネットワークを通じてイギリスの白人社会に仲間入りし、同化していくことも可能となった。

本データベース上での逃亡者の「職業」データには九二本の記載があり、そのうち六七本が「従僕」である。これには女性のみの「メイド」も七本含まれている。これは従僕、メイドという同じ職種を通じた白人と黒人のつながりばかりか、男性と女性とのつながり、あるいは逃避行が生じることを示唆する。

ふたたび、在英黒人全般を見るに、彼らの白人社会への仲間入りには結婚に限らず、長年にわたる奉公そのものも契機となった。従僕は、主人一家とともに教会に行き、衣装の着付けを手伝うなど、自身の職務を通して、一家と不可避的に親密な関係になっていった。これは優秀で人間味溢れる従僕は、大家族の非公式の一員として扱われることを意味した。

その中でももっとも幸運だったのは主人の下で教育され、しばしば職業訓練まで受けた者たちで、その結果、読み書き能力が獲得された。イクイアーノ、リッチモンド、バーバー、それにイグナティウス・サンチョ、フィリス・ウィートリーらの驚嘆すべき生涯は、自身の目覚ましい才覚とともに、彼らが身をおいていた一家が教育と機会を提供してくれたという良縁に負っていた。[25] 本データベース上でも九本とごく少数ながら読み書き能力をもつ逃亡者のデータも示された。

たった一人の解放劇

本章では、まず一七世紀末から国内に流入して増大していく黒人の数と法的地位を一七七二年のマンスフィールド判決にいたるまで探った。次に雇われた家庭や船舶から逃亡した黒人を捕まえるための新聞広告記事のデータベースから、多岐にわたる黒人のプロファイリングを行った。

奴隷の所有者である主人たちは、価値ある人的財産を取り戻そうと躍起になって、逃亡者の捕獲と返還に対して懸賞金を提供するとの新聞記事を掲載した。彼らにとって、こうした人的財産の逃亡は侮辱、職務放棄、貴重な財産の窃盗でもあった。捕獲のためには逃亡した本人の身体的特徴、衣服、性格なども事細かく記された。しかし、奴隷状態におかれた人びとにとって、記されるばかりで自らは記すことのなかったものの、逃亡という行動は自己解放への最後の選択肢であったし、奴隷システムへの内側からの挑戦にして時には連れがいたにしても多くはたった一人の解放劇であった。

第 3 章

シエラレオネ計画の夢と失望

18 世紀後半

Chapter 3

Dream and Disappointment of Sierra Leone Settlement Plan

1　アメリカ独立戦争と黒人ロイヤリスト

武器を取れば自由を与える

アメリカ独立戦争（一七七五〜八三年）中にイギリス側は、奴隷制を揺るがす不意を衝いた戦略をとった。アメリカの奴隷たちに主人のもとを離れ、国王軍の戦列に加わるよう呼びかけたのである。

アメリカ一三植民地中でも最大の入植地であるヴァージニア植民地では、数百ものタバコ・プランテーションで隷属させられ苦しんでいる一八万人ものアフリカ人奴隷が暮らしていた。一七七六年の『独立宣言』に先立つ一年前の七五年末に、ヴァージニア植民地総督の第四代ダンモア伯ジョン・マレーは「すべての年季奉公人、ニグロ、その他の反乱者に所有されている者たち」に対して、「武器を取る意志と能力さえあれば」自由を与えると宣言した。その後、わずか二週間で、三〇〇人前後もの奴隷が主人のもとから逃亡し、ダンモア伯指揮下の軍団のもとへと走り、王立エチオピア人連隊に配属された。翌七六年には二番目の連隊となる黒人工兵部隊が新たに編制された。

一七七九年、北アメリカ方面イギリス軍の最高司令官ヘンリ・クリントンは、奴隷たちにイギリス軍の戦列に加わる決断を促すことになる、二度目の宣言を公布した。このクリントン版の宣言は、四年前のダンモア宣言に比較するとより広範にして包括的な内容だった。自由を獲得するためには、奴隷は彼らの主人である反乱者のもとを離れ、イギリス側の支配領域内に逃げ込みさえすればよかった。もはや、イギリス軍のため武器を取る必要はなくなった。戦争期間を通じ延べ五万人もの奴隷が逃亡し、イギリス側へ亡命してきた。これは、北アメリカ植民地の歴史上、初めてとなる大規模な奴隷解放だった。[1]

一七七五年一一月からイギリス側の事実上の敗北にいたる八一年までの間、逃亡奴隷は自身の自由とイギリス帝国のために戦い抜いた。彼らは歩兵や騎兵として戦った。敵地の拠点に奇襲を掛ける強襲部隊の一員となった者もいた。また大半の者に土地勘があったため、イギリス本国兵のために偵察隊や道案内として働いた。戦場が水上にも及ぶと水夫や水先案内人として、河川を監視航行したり陸上部隊に物資を補給したりした。敵地の後方で活動するスパイ、急使、伝言盗みとなった者もいた。

しかしながら圧倒的に多くの者たちは、イギリス軍の後方で雑役夫や鍛冶屋、木こりや仕立て屋、はたまた看護師や士官の従僕として働いた。彼らは工兵として塹壕を掘って防備を固め、兵士が宿泊する駐屯地を設営する各種工事の他、ゴミや糞尿の始末にあたったり、各種軍需物資を前線に届ける補給活動に従事していたりした。[2]

アメリカ独立戦争に際して、イギリス側についた黒人たちは「黒人ロイヤリスト」と呼ばれ、王党派ないし忠誠派とも訳される。イギリス軍が撤退すると、アメリカにはいられなくなった少なくとも一万四〇〇〇人の黒人ロイヤリストがサヴァンナ、チャールストン、ニューヨークの諸港からアメリカを離れ、カナダに数千人、ロンドンに数百人と逃れていった。[3]

損失補償請求

アメリカでイギリス側について貢献した黒人にたいして、イギリスはいかに報いたか。

一七八三年、イギリス政府はアメリカ人請求委員会を立ち上げた。まず同委員会が責務としたのは、アメリカ植民地で土地や財産を失ったロイヤリストに対する補償であった。以下で見ていくのは、会計検査院文書（Audit Office: AO）としてこの委員会が残した議事録である。[4]

黒人・白人双方の元植民地人たちが委員会に補償の申請を行ったが、請求事例中に占める黒人たちの数は、五〇〇〇人の白人ロイヤリストに比較すれば、圧倒的に少なかった。そのごくわずかの事例は、戦争での損失にたいしてイギリス政府に請求した四七件ほどの損失補償要求の記録から垣間見ることができる。

この記録で確認できた分のうち、「ギニア海岸」出身の一人を除いて北アメリカ出身であり、従軍しなかった一人を除いて大半はイギリス海軍・陸軍に従軍し、あるいは将校の従僕として戦争に参加した。彼らはおしなべて戦争による負傷、損失した財産の詳細を述べ立てている。負傷者には軍隊から離脱せざるを得ないほどの重傷や中には片目の視力喪失と斧による右脚の切断というリンチにあった者もいた。[5]

これらに対して、イギリス側はいかに対応したか。結論から言えば、年金か財産補償を求めてイングランドで公式に申請した全部で四七人の黒人のうち、財産の損失に対して相応のものが支払われたのは一人のみ、わずかの年金を受け取ったのは三名、五ポンドから二〇ポンドの少額の金を与えられた者二〇名であった。白人との対比は示唆的であろう。要求を全面的に拒否された者は、黒人では半分にのぼるのに、白人ではほとんどいなかった。極貧の白人に与えられた手当は、もっとも幸運な黒人に与えられた手当よりはるかに高いのが普通だった。財産損失の補償額も二五ポンドを下まわる白人はめったにいなかった。[6]

イギリス側のアメリカ人請求委員会の審査委員はほとんどすべての黒人の申し立てに懐疑的で、損失の証明書の有無を詮索して、容赦なく弱点を衝いた。証明書は補償を得るために重要であったが、黒人たちはほとんど持参できず、しばしば白人による証明書が損失補償を援助した。たとえば、「イングランドに来て四年、日々のパンのため働く。アメリカにいくらかの蓄えと耐えられる程度の生活の手段を持ち、イングランドに彼を知り、証明書を記す人なし」というリチャード・ウィーバーという「自由ニグロ」に対しては以下のように判断された。

> この男は損失について何も語らないし、何らの忠誠も証明しない。事実、彼は何らかの種の証明書を一通として持ち込んでいない。証明書を求められてから経った年月から推して彼の訴えのどんなわずかのことすら証明できないことは明らかである。

もう一人、ダンモアの将校の一人に仕えたヴァージニアの木こりピーター・アンダーソンも、証明書がないために「ウィーバーとまったく同様に」と決定されたあと、ダンモアから証明書が得られたため一〇ポンド全額支給の決定がなされた。しかし、一〇ポンドは長くはもたず、数ヵ月もすると金を求めて再び委員会に請願している。

なぜこのような待遇をしたか。審査委員たちは黒人に対する差別と差別の理由について包み隠さず述べている。

政府は、黒人ロイヤリストには借りがほとんどないと考えていた。彼らの下手な要求は「戦争の受難者になることなく、たいていは自由を得たではないか、したがって政府の恵みを要求するのは不名誉となる」という決まった調子の言葉で片付けられた。再び奴隷になることのない自由の国＝イギリスに来たことを、黒人たちは幸運と思わなければならず、それ以上の要求は考察に値しないというのが損失補償を拒否する典型的な理由となった。

黒人たちの嘆願は、全体の半数が棄却された。大半の者たちは、反乱や王冠に対する忠誠と奉仕の結果として喪失した財産に関する、いかなる証明書類も欠いていたからである。あるいは自由が得られたのでそれで十分ではないかとの理由からだった。しかしながら、それよりもはるかに根本的な問題は、黒人ロイヤリストの大半が独立戦争以前は奴隷だったということだった。彼らには失うような財産は存在しなかったし、そもそも彼ら自身が財産扱いだった。

黒人ロイヤリストは、国に対する忠誠と奉仕を通じて自身の自由を得た。その彼らが今や極貧と飢餓の最中にあることは、不幸な現実と見なされたが、それは委員会の管轄外にあると思われた現実であった。彼らは八年間の戦争を生き延び、泥まみれの結末の果てに亡命者となった果報者だと委員会は見なした。だがその果報者も、文無しで将来の展望も描けぬまま、まったく知らない国にいるという現実は変えられなかった。

膨れ上がる黒人貧民

ユニオンジャックのもとで、植民地アメリカで戦い、戦後に大西洋を渡ってイギリスにやって来た元兵士である黒人ロイヤリスト以外にも、アメリカ植民地からやって来た人びとがいた。いずれも人数は確定しがたいが、独立戦争が勃発した最中に解放されていた、消滅した植民地の元従僕や奴隷、さらに、戦時の暴力や先行きのなさから逃れるために、植民地を後にした自由黒人の男女たちである。その他にも、これも正確な人数は分からないが黒人の水夫や、少人数のラスカル（lascar）の一団がいた。ラスカルとは、インド系ないしはアジア系の水夫たちで、アフリカ人の同僚水夫と同様、戦争後にできれば故郷まで連れていってくれるか、最低でもどこか他の港へと向かう船舶からの求人を探していた。

これら新規流入者の一団は黒人ロイヤリストと合わせても、せいぜい一〇〇〇人から二〇〇〇人前後であるが、いくつかの史料からは、一〇〇〇人を下回る可能性すら示唆されている。一団はほとんどロンドンに集住したが、六〇万人もの人びとが暮らす大都会では、あまりにも小規模だった。彼らがイングランドに到着したとき、この国の黒人人口はサマセット裁判でさしたる根拠なしに採用された一万五〇〇〇人前後という数字よりも少なくなっていたことは、おそらく確実だろう。

しかし、この以前からいた在英黒人に新たにラスカル等の各種の黒人が突如としてやって来て、彼らに加わったことは大量移民にも等しい出来事だった。六〇万都市ロンドンにあって、何より彼らはその肌の色＝人種と困窮ぶりにおいて、顕著なまでに可視化された少数派集団だった。救貧法の恩恵に与れるような本籍教区も、一時の避難所を提供してくれるような親類縁者も存在しなかった彼らは、深刻な苦境のなか、路上で物乞いをするほかなかった。彼らは「黒人貧民」と呼ばれ、いまやその黒人貧民の一団は膨れ上がっていた。[7]

2　シエラレオネ植民地計画

黒人貧民救済委員会

一七八五年から八六年にかけての冬、首都ロンドンは尋常ならざる寒さに見舞われた。宿もなくボロ布しかまとわない黒人貧民は、いまや暖を取るのにすら四苦八苦していた。彼らの死亡事例が、何件も報告された。「黒人貧民の惨状は一七八六年の極めて厳しい冬に危機に達した。文なしで友なく、服は粗末で、寒さと飢えでロンドンの街角で朽ち果てたもの数十人」[8]と語られる状況が到来した。

黒人貧民の救済のために大蔵省内に黒人貧民救済委員会が組織された。黒人を記述した記録は会計検査院文書から大蔵省文書（Treasury: T）に移る。黒人貧民救済委員会はここにその議事録を残す。

委員会は黒人貧民の惨状に鑑み、当時の一般的な福祉戦略である公募によって救済金を徴募した。一七八六年二月から四月までにかなりの反響による救済金が得られ、食料、衣服、医療提供の形で給付される救済を可能とした。しかし、委員会が扱う数が増大するにつれ、基金が不足し始める。同年四月、政府が関与し、黒人貧民に同情を寄せる大臣、高官が同僚と議会を説得して黒人貧民にたいする恒常的な院外救済計画に同意させるに至る。[9]

手当金受領者は一七八六年四月からゆるやかに増えていき、今後の支払いは海外移住の条件が付けられると決定されたとき、その数ははっきり激減を見たが、すぐ持ち直し、同年九月末までに、推定

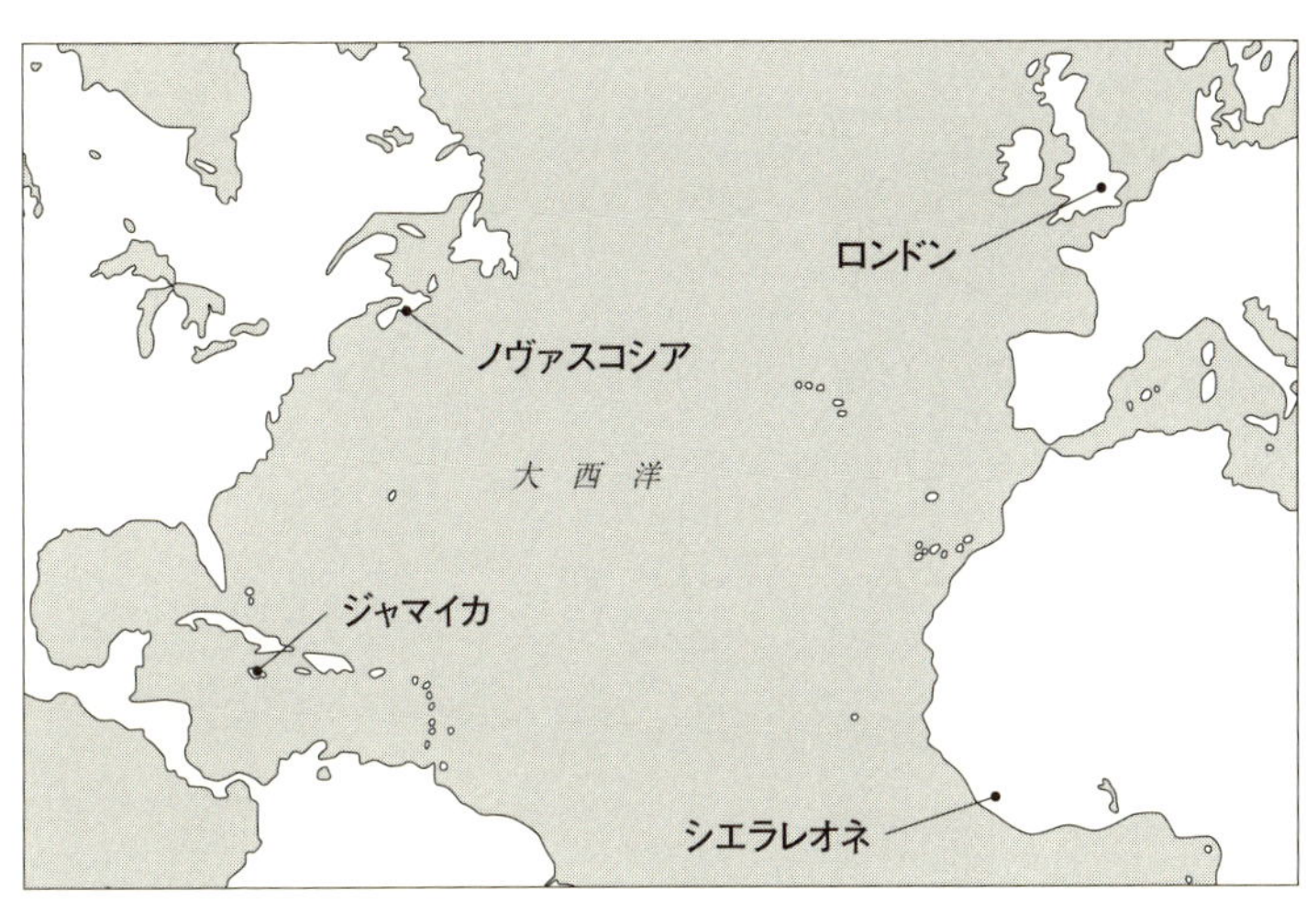

ながら一〇〇〇人近くに達した。八六年一〇月に移民の署名がなされ、一一月にアフリカ行きの船への乗船がはじまり、翌八七年四月に最終的にイギリスを離れた。

以下で見るのは、この出航に至るまでの経過である。結果として黒人貧民がアフリカに移送されるに至った経過については、これまで歴史家の間で議論があり、一つは、これに二〇世紀のイギリス黒人の送還・追放問題と重ね合わせる説明で、移送は「黒人を街から一掃する」送還・追放であり、人種主義の表れに他ならない。これに対し、もう一つは、黒人貧民救済委員会の議事録には黒人側の主体性も見られるために、政府側の解決策としての海外移民は必ずしも一方的なものではなかったという主張である。

たとえば、前者は、委員会が黒人の送還先をくるくる変えたことは、黒人の意思を無視した証拠であるとか、黒人の意見はたとえ聞いたにしても最後に回されたと評価する。一方、後者はその評価は政府側の送還・追放志向に注目し過ぎたためとして、行き先がくるくる変化したことはたしかなものの、その都度に黒人の意見が反映され議事録にもたしかに表明されていると見る。

実際に、最終的にシエラレオネに決まるまでに挙がった行き先は、シエラレオネの他に、カナダのノヴァスコシア、西インド諸島のバハマ諸島、カナダのニューブルンスウィック、西アフリカのガンビア川と東西にわたり多様であった。これらの行き先の変更は、委員会が黒人の意思を無視して勝手に変えたようにも見えるが、耳を澄ませば黒人の声も聞こえる。したがって、ここではこれまであまり検証されなかった、移民の行き先に関する意見に絞ってこの議事録を検討してみる。[10]

スミスマンの思い描いた夢

しかし、その前に見るべきは、シエラレオネという場所の選定に決定的な役割を果たした植民地計画の考えの起源とされるヘンリ・スミスマンという人物である。スミスマンは探検家にして植物学者であり、在野の昆虫学者でもあると同時に道徳心の欠如したペテン師だった。

スミスマンのアフリカとの関わりは、王立協会のジョゼフ・バンクスによって、シエラレオネ沿岸部へと派遣されたことから始まった。スミスマンはバンクスから、後にキュー・ガーデンにも収蔵される植物標本の採集を依頼された。四年間滞在したのち帰国し、一七八六年時点で、すでに四四歳を迎え、熱帯性伝染病にさらされ続けたせいで健康を害し、おまけに債権者から返済を迫られていた。

だが黒人貧民が苦境に陥り、彼らが再入植できそうな場所を突如として切実に選定する必要が生じると、スミスマンにはこの重大局面において、選定の中心に立つ機会がもたらされた。彼は有力者からの信頼を勝ち取り、さらには金儲けのチャンスすらも与えられた。

一七八六年二月、彼は黒人貧民救済委員会に宛てて、「シエラレオネ近くになされる予定の植民の計画」と題する企画書を送付した。[11] この小冊子中でスミスマンは、危険かつ一年じゅう荒れ模様の天候であることをよく知っていたはずのシエラレオネ沿岸部について「極めて良好、肥沃な土壌」と説明した。

次いで、鶏や豚などの家畜は「ヨーロッパとは比較にならないほどの速い繁殖力を持」ち、「魚の多くは安易に捕獲され、森は鹿、野禽類、他の獲物に満ちている」とか「天候や土地の温和、肥沃さのため、人は着換えと斧、鍬、ポケットナイフがあれば、すぐにしかも安易に適合できる」とか「うすい鍬で二ないし三インチ耕した土地は、あらゆる種類の穀物を生産する」などと、委員会に対して臆面もなく請け合った。

この空想上の土地、胸躍らせるようなビジョンは、彼が一七七〇年代に実際に旅し暮らした場所とは似ても似つかぬものだった。委員会メンバーの歓心を買うため、ほとんどまやかしも同然なシエラレオネ像を語っていた。しかし、この地域で実際に暮らした男による証言という事実は、分不相応の真実味を帯びさせ、経済的関心も惹起した。スミスマンは委員会に進言者として伺候し、肥沃な土地で入植者の手で栽培される商品作物＝「かの地の原料」たるサトウキビや綿花とこの地の工業製品との「通商関係の新しいシステムを構築し」「新しく利益のある貿易と通商のチャンネルを開き」、ひいては投資者への配当を可能とし、入植者を富裕で幸福な自作農へと転じさせると主張した。

彼の提示した計画は、ロンドンの富裕層に困惑の払拭を約束することも惜しまなかった。かつて祖国のために戦った黒人退役兵士が凍死寸前の貧困へと零落し、路上で緩慢に死んでいく光景に困惑交じりの不快感を覚えていた彼らにとって、スミスマンの計画は拒む理由のない、まさしく渡りに船となった。止めの一撃は、彼自身がこの遠征を率い黒人貧民とともにシエラレオネ沿岸に居住するとの確約だった。これでいっさいの疑念を与えずに、この計画の進言を締めくくった。

つまるところ、彼がシエラレオネに帰還しようとした動機は学術的な調査目的でも、ロンドンの黒人貧民を助けたいとの純粋な気持ちでもなく、商業上のチャンスが目当てだった。アフリカの大地に植えられ、アフリカ人の手で栽培されるサトウキビないしは綿花によって自身が裕福になることこそが、スミスマンの思い描いた夢だった。一七八六年に彼が提示した「植民の計画」は実のところ、かつての商業目当ての計画を加筆修正したものだった。

黒人貧民危機は、彼にとっては全く予期せぬ幸運な形で、スミスマン自身の野望を蘇らせる機会となった。いまや彼は有力者や篤志家そして超富裕層からなる聴衆を獲得し、最終的にはシエラレオネでの綿花栽培計画という自身のサイドビジネスに対して、二人のロンドン商人を説き伏せることに成功した。これが、黒人貧民の移送を委ねられた男の実像だった。

政府による認可と出資

一七八六年春、あらゆる諸問題や想定される懸念事項に対し、スミスマンは大丈夫だと請け合った。委員会は納得し、五月一七日に大蔵省に対して計画案の概要が提出された。用心深い官僚たちは、入植候補地としてのシエラレオネにはあまり乗り気ではなかったが、委員会の決定を受諾した。

計画はそのまま海軍省委員会へと回され、その日のうちに採択された。これを受けて大蔵省は、スミスマンの「植民の計画」とその実施のための予算調達を承認し、あらゆる面で救いがたいほど自信過剰で大言壮語だったにもかかわらず、この計画は政府による認可と出資を獲得したのだった。

大蔵省が加わることによって、計画の準備は急速に進展した。スミスマンは「入植地代理人」に任命され、ロンドンのキャノン・ストリート一四号地にその事務所を構えた。一七八六年の春から夏の初めにかけて、入植の準備は驚異的なペースで進んだ。入植者たちを移送する船舶の手配は、海軍本部の責任に委ねられた。大蔵省は思いのほか気前がよかった模様で、必要な道具なり装備なりを購入するための予算が更に追加された。加えて、個人からの寄付も集められた。グランヴィル・シャープは、現地アフリカの王たちを懐柔するための贈り物を購入する費用として、二五ギニーを拠出した。[12]

計画では、船団は秋頃に出航する予定になっていた。これは、黒人貧民たちが再びロンドンで冬を迎えることを回避するとともに、シエラレオネに雨季の到来する五月よりも前に現地への入植を確実にするためだった。この時期は、現地の気候に関する実態説明において、スミスマンが正直に語った数少ない実例の一つだった。

その間にも、取り組まなければならない問題は無数に存在した。アメリカ大陸からの避難民にして、ロンドンで困窮する羽目になった黒人貧民は、完全に新設される社会を築くためにアフリカへと旅立つ前に、確固とした再保証を要求していた。その理由の一つは、シエラレオネが奴隷狩りの本場であり、彼らはそのことを知っていたからである。数多の諸国の奴隷船団が跋扈（ばっこ）する沿岸部への入植を彼らに納得させるために、知恵が絞られ、入植者たち全員に対して、彼らが「シエラレオネ植民地の自由人」であることを証明する同意書＝証書を発給することで合意がなされた。

ジョナス・ハンウェイを議長とするこの黒人貧民救済委員会は、この同意書に奉公人としての法的認可を与えること、被救済民の奉公人の性質を持つものとして六ペンスの印紙を貼ること、大蔵委員会が印紙局に命令を出すことを決議した。この証書が持つ保護力が、実際どれほどのものだったのかは議論の余地が大だが、証書は委員会にかかわる白人、部分的にはイギリス政府を、この計画を支持せざるを得ない状況にさせた。これでともかく計画は差し当たって前進を続けた。

ちなみにハンウェイはこれ以前に海兵協会という組織を創設した商人で探検家であり、ロンドン捨て子病院をはじめたトマス・コーラムとともに、捨て子や孤児を育てて将来の兵士を養成することを目指していた人物である。[13]

八人の指導者の選出

行き先としてはシエラレオネ案よりも早くからカナダのノヴァスコシア案が表明されたこともあった。ここは黒人ロイヤリストのもう一つの逃げ場として雇用の機会があるものと思われたからである。ノヴァスコシア行きは雇用の見込みを期待し得る解決策としては、まず黒人自身から発案されたように思える。彼らによるノヴァスコシア行きの希望表明は早くも一七八三年一二月一日に、さらに八六年四月二五日になされているからである。

「彼ら〔黒人〕にとりノヴァスコシアよりアフリカがよい」と述べ、アフリカ行きを促したのはハンウェイである。彼は、このように述べて、より多くの黒人貧民を計画に同意するよう説得しにかかり、一七八六年六月七日付けで、彼らの中から八人の指導者を選出した。八人の指導者の出身地ないし出生地は四人までが北アメリカの一三植民地で、そのうち、二人がニュージャージーで、ニューヨークとチャールストンが各一人だった。その他はアフリカが二人で、バルバドスとベンガルが各一人となっている。[14]全員二〇代か三〇代、もしくは四〇代初めだった。

「伍長」の名で呼ばれた八人の男らは、水兵、農民、従僕、髪結い、網作り、桶作りと職業を持ち、読み書き能力も持ったことを明記されている指導者にふさわしい男たちだった。イングランドに来た事情もそれぞれ異なっていた。ほぼ全員が水先案内人、国王の船の主任料理人、従僕として海をわたってきた。出自、職業、到着までの事情は多様にしてもここで実際についた職務は、出身地を同じくする黒人貧民に再入植への同意を迫ることだった。

一七八七年にアフリカにわたった約三五〇人の黒人移民がどこで生まれたか、それを正確に知ることは不可能にもかかわらず、移民者を募るリーダーの八人のうち半分の四人までが一三植民地から来たという事実は、黒人移民の少なくとも半分は一三植民地にいた元奴隷だったという研究者の推定が支持される根拠ともなる。

また、この推定は一七八三年以後にイングランドに住んだ黒人の大多数は一三植民地出身で、ロンドンの黒人人口がアメリカ独立戦争の直後から急激に増大したことは明らかであるという論理的な推論にも基づく。[15]残りのアフリカ出身の二人とバルバドス出身の一人の合計三人で、もとからいる在英黒人を集め、最後のベンガル出身の一人はラスカルを集めていたことも推定できよう。

黒人貧民に声をかけて移住に同意を持ちかけたこの八人の男たちは「白人と黒人の間に締結された

同意のうちでもっとも公正でもっとも正当なものと考えた」と宣言した。黒人たちが西アフリカのシエラレオネ行きに同意したのはこのあたりに理由がある。

スミスマン急死後の混迷

しかしながら、入植の準備が急速に進んでいた一七八六年七月一日に、ヘンリ・スミスマンが急死した。スミスマンのシエラレオネについてのバラ色の調査報告に対し、束の間ながら疑念が呈された。以前は考慮の対象外だった、南北アメリカ大陸のどこかに黒人の植民地を建設するという代替案が、今やハンウェイその他のメンバーにより再考されるようになった。

七月中、委員会ではアフリカに代わる移民先の代替地についての議論が沸騰する。一七八六年七月五日、白人のみが出席していた委員会で、シエラレオネ植民地案が棄却され、その代替案として、バハマ諸島かニューブルンスウィックにある「国王のアメリカの領土」が推薦されることに決定され、バハマに「経験豊富な聖職者」やここから「帰ったばかりの人物」の委員会出席が要請される。次いで各地の土地柄、天候、雇用の見込み、食糧調達の難易の調査と報告がなされたのも定石どおりである。しかし、委員会は当の黒人の意見を諮ることなく決めていた。

一七八六年七月一五日の委員会は、救済金を受け取るすべての黒人を代表すると主張する一五人の伍長からの請願書を受け付けた。この請願書は、バハマ諸島の示唆は彼らに、「相当な不安」を与え、「彼らにとって故スミスマン氏の人道的な計画によって注目するにいたったシエラレオネしか同意できる場所はない」ことを述べた。またスミスマンの書記にして助手の「ジョセフ・アーウィンほど彼らが同じ確信と信頼を置くことができる人間はいない」として、シエラレオネへの同行者としてアーウィンを任命することを要求した。

委員会がシエラレオネに行かず、一七八六年七月七日のバハマ行き決議の順守を確認した後、「黒人の代表のうち五人が委員会に現れ、黒人全般はバハマ諸島のどこにも行きたくないことを述べ」、先の請願書の時に取った路線を強固に再確認した。彼らは、ロンドンに住むシエラレオネ人で彼らに「現地の人は皆イングランド人が好きで、喜んで迎える」と確約した人がいることを付け加えた。委員会は自案への固執姿勢を少し緩めて、次回の委員会でそのシエラレオネ人に会うことに同意した。

しかし、委員会は今度は、西アフリカ海岸のガンビア川植民を提唱する白人貿易人からの「黒人代表宛ての手紙」での新しい提案を受理して行き先は混沌とする。黒人代表側の反応は「それは深刻な熟慮に値し、次の月曜日までに決定を下す」であった。しかし、黒人貧民はシエラレオネ行きを提案したスミスマンが「死んだにもかかわらず、黒人と有色人は同じこの場所〔シエラレオネ〕にこだわっているように思える」と、委員会は黒人側がガンビア川植民計画を拒否したことを記録している。

ここに出てくる有色人（coloured）とは『オックスフォード英語辞典』では、「とくにサハラ以南のアフリカかイギリス内では南アジアに起源を持つ人かその子孫で、肌色の黒い人びとの集団の一員を指す」とあり、初出は一七五八年である。

くるくる変わる行き先

以上を受けてハンウェイは、政府大蔵委員会に、黒人はバハマ諸島行きを「全面的に拒否し」、「その結果この提案は実行には移され得ない」と報告した。一七八六年七月三一日の「黒人貧民の代表が出席した」会議で委員会は、三転してカナダのニューブルンスウィック行きを推薦し、これも代表に提示され、彼らは「かなりの躊躇を示したが、同胞に相談して金曜日に報告する」ことになった。「フレーザー氏〔遠征艦の船長〕とアーウィン氏は黒人代表との会議に出席した。また金曜日にこの件に関して黒人と会議をもち、委員会に出席することにした」。彼ら二人の白人は黒人の意見を探り出すことが求められたのである。

ハンウェイは「黒人貧民に関する政府の真摯な姿勢ほど明白なものはない」とはじまる黒人に対する長く感情的なアピールを起草した。その中で彼は、ニューブルンスウィックがアフリカより自由、安全、健康であること、シエラレオネでの奴隷貿易に巻き込まれる可能性、スミスマンの見積もりにおける信頼の無さなどを述べて、シエラレオネの不適格性を主張した。とくにスミスマンが人身売買に携わった可能性があること、彼への不信は一生拭い去ることはできないことを強調した。

このアピールは、黒人の大規模集会で読まれたようであるが、全く成功しなかった。六七人の黒人しかニューブルンスウィック行きに同意しなかった。しかもそのうち五人は後になって辞退した。[16]さらに、シエラレオネ反対論に転じた、高齢だった議長のジョナス・ハンウェイその人が、ちょうどスミスマンが没した二ヵ月後、他界してしまった。[17]ニューブルンスウィック案も立ち消えとなる。

シエラレオネ入植計画がぶり返した。スミスマンの死後もこの計画が半ば宙ぶらり状態となりながらも存続したのは、一つには、スミスマンの後任としてアーウィンが任命されており、彼が黒人側の信頼を得ていたことであった。じっさい、スミスマン亡き後、シエラレオネへの入植計画を擁護する声を上げたのは、他ならぬ黒人貧民たち自身だった。彼らを指導するために選抜された伍長の中には、スミスマンが提示したアフリカのエデンという理想像に、委員会メンバーの誰よりも強く影響された者たちがいた。また、自分たちの先祖がいた大陸に帰還するという理想に対し、ロマンティックな愛着を抱く者たちも存在した。[18]

最終的にシエラレオネに決まるまでに挙がった行き先は、ノヴァスコシア、バハマ諸島、ニューブルンスウィック、ガンビア川と多様であった。たしかにくるくると変わったことは、黒人側の意図を無視した委員会の混迷や暴走にも見えるが、節目節目に表明された黒人側の声からは、着実でしたたかでもあった思考が認められる。

また、行き先の決定に何ヵ月もかかったことは、黒人に対してもちこまれたシエラレオネ移民計画に軽々と乗ったわけではなく、よく考えたことも意味する。黒人たちは急いで乗船させられ陸を離れたどころか、白人たちが怒りだすほどなかなか乗船しなかったことも時間をかけて考えたことを示す。この遅れにより彼らのアフリカ到着が悪い季節にあたることになり、一七八七年のシエラレオネ入植計画の失敗の一因になったことは周知のことである。

シャープへの接近

もう一つ、スミスマン没後に混乱したシエラレオネ入植計画が収束したのは、黒人貧民の代表団が自分たちへの支援を得るために、あのグランヴィル・シャープに接近したことだった。インド系のラスカルたちの何人かさえも、祖先がいたり故郷だったりしたインドや南アジアではなく、アフリカの

逮捕された黒人奴隷を擁護するグランヴィル・シャープ（右端）。1815年。David Bygott, *Black and British*, Oxford University Press, 1992, p.31.

シエラレオネを自身の最終目的地とすることに同意したようだった。

ここに至って、シャープは入植計画により積極的に関与するようになった。マンスフィールド判決以後も相変わらず、奴隷所有者たちは西インド諸島へ奴隷として売り飛ばすために、黒人の男女たちを捕らえ移送するという行為を続けていた。シャープはしばしば、判事から人身保護令状の発給を受けるために駆り出され、囚われの身となったアフリカ人の救出に奔走した。実際に、シャープはあるアフリカ人が収容された船舶が出航する間際に彼を助け出し、彼がこのシエラレオネへの入植希望者となるよう説得した。

シャープを始めとする反奴隷論者にとって、この計画はイングランド古来の諸原則や自由を祀る新たな社会を樹立するための、またとない機会だった。自由労働と自治独立そしてキリスト教信仰によって成り立つ黒人の入植地は、奴隷貿易や奴隷制に対し経済的にも道徳的にもはるかに優位に立つ、アフリカとの新たな交易形態の実践的なデモンストレーションとなると、シャープは確信していた。

また、首都の路上における黒人貧民の存在が単に目障りだった者たちにとっては、入植計画は少なくとも彼らを苛む歓迎されざる黒人を、あらかた排除してくれるものだった。このようにこの計画は、シャープのような反奴隷論者をも包括し得るほどに広範かつ曖昧で、多種多様な意見を持つ人びとの支援と支持を獲得していた。これらがこの計画がスミスマン死後も生き延びた理由となろう。[19]

黒人貧民の側から見ると、この計画内でシャープが存在感を増し始めたことで、納得した者もいたのかもしれない。それに加え、この計画で食糧その他の必需品の支給管理に責任を負う「食糧・備品管理執行代理人」に任命されたのが、元奴隷のオラウダ・イクイアーノであると知って、彼らはいっそう安堵したに違いない。元水夫だったことに加え、教養があり尊敬に値する人物だったイクイアーノは、この役職に最適の人間だった。このポストは、これまで在英黒人がイギリス政府から任命された役職の中でも、最高位のものであった。[20]

オラウダ・イクイアーノ。File & Power, *Black Settlers*, 3.1

イクイアーノは、スミスマンの後任者アーウィンが、黒人貧民向けの予算を流用しているのではないか、と疑念を抱いて、彼の同胞で同じく教養と名声ある黒人だった、ロンドン在住のオットバ・クゴアーノに宛ててこの旨を書き送った。この手紙が新聞に転載されたことにより、イクイアーノとアーウィンの間で抜き差しならない不和が生じた。結局イクイアーノは解任され、テムズ川からの出航後に寄港したプリマスで強制的に下船させられたが、後に海軍省から五〇ポンドの報酬が支払われた。[21]

3　シエラレオネへの出航

乗船者名簿[22]

五月雨式に集結していた入植希望者も一七八七年一月二二日に最後となる入植希望者が合流した。前年八六年一一月時点で二五九人だった人数は、二〇〇人増えて、翌八七年二月には四五六人になっていた。このうち二九〇人が黒人男性で、加えて黒人女性四一人と白人女性七〇人、そしてルイーザ・プローヴィのように異人種婚カップルの間の子供を含め、白人の子供たち六人と黒人の子供たちが一一人だった。前節で述べた、アフリカへ行った黒人移民がおよそ三五〇人という数字を取ってきたのはここからである。彼らと一緒に乗船していたのが、監督や医師に伝道師それに職人たちといった、様々な職種の白人たち三八人だった。この他、一人の勇敢な私費渡航者もいた模様だ。

総数三隻の船それぞれで名簿が作成され、乗船者たちの名前は小見出し付きで記録された。それらの分類の中でも、とりわけ注目されるのは、「黒人男性と結婚した白人女性」というカテゴリーである。彼女たちはロンドン東部の船着き場であるワッピング地区へと集められ、そして船上で黒人男性たちとの結婚を強制された売春婦たちだと、長年にわたって信じ込まれていた。黒人貧民たちと同様に嫌悪すべき歓迎されざる人びととして、彼女たちはシエラレオネへ移送されたとされてきた。この解釈のもととなる原典史料となるのが、一七九一年にシエラレオネを訪れた奴隷制廃止運動家アレクサンダー・ファルコンブリッジの妻アンナ・マリア・ファルコンブリッジの記述だった。

後に旅行記として出版されることになる手紙において、「ロンドンの路上にたむろして売春によって生計を立てている」女性からの話として、以下のように書かれていた。彼女たちは、

その目的のために雇われた男たちによってワッピングまで寄せ集められ、酒を飲まされ酩酊した後で騙されて船に乗せられ、そこで見ず知らずの黒人男性たちと結婚させられた。……翌朝、彼女たちは昨晩何が起きたのかを一切思い出せず、そして事実を告げられた女性たちは、誰が自身の夫であるか尋ねるほかなかったのです。我が祖国にとって不名誉なことに、イングランドの一〇〇人もの不幸な女性たちは、この恐るべき土地でますます野蛮にその悪行をなすよう、そそのかされたのでした。[23]

この手紙の内容から、黒人入植者の妻としてシエラレオネに送られたこの女性たちは、強制徴募の犠牲者であると長年にわたり信じられてきた。しかし、近年はその解釈には疑問が持たれている。その際引き合いに出されているのは、敬虔にして道徳心旺盛な人物として知られ、シエラレオネ計画をその些末な部分に至るまで監視していたグランヴィル・シャープである。そのシャープが、最終段階において六〇～七〇人ものロンドンの路上売春婦たちを、自身の「自由の国（Providence of Freedom）」に移送することを承諾するとは、とうてい信じ難いのである。[24]

同様に以下のようにも指摘されている。まず、黒人貧民たちを移送する船団の出発は数ヵ月にもわたって遅延していたのだから、その間に強制徴募された売春婦たちが逃亡を企てるすきは、十分過ぎ

るほど存在したはずである。また、ファルコンブリッジの記述ではワッピングから乗船させられたとするが船団はワッピングには一度たりとも停泊していなかった。おまけに、ジョージ王朝期ロンドンにおける性的サービス業の巨大さに鑑みれば、もしその従事者たちを街中から一掃しようと試みた場合、途方もない規模の大船団が必要になったことだろう。たとえシエラレオネへ移送された白人女性たちの全員が売春婦だったとしても、せいぜいその表層部分を削り取ったに過ぎなかった。[25]

以上を踏まえて、発端となった史料であるファルコンブリッジの手紙までさかのぼって説明する史料批判もある。ひょっとするとファルコンブリッジの記述は、なぜ白人女性が黒人男性と性的関係を結んだのか、その理由について自らが納得するにあたって、売春が唯一想定できるか、ないし、まだましなケースであるという、思い込みの発露だったのかもしれない。

ファルコンブリッジには想像すらできなかったようだが、当時、どこでも見られありふれていた家庭の現実は、貧しい白人女性たちが同じくらい貧しい黒人男性と、互いの貧困をものともせずに結婚し、ともに家庭を築き、そして生計を立てようと試みていたことだった。黒人貧民たちは、少なくとも三年間はロンドンで暮らしており、おまけに彼らの大半は二〇代から三〇代の男性だった。

三隻の船の乗船名簿にある小見出しを精査すると、その中にいた異人種婚カップルたちの存在が明らかとなる。その数は、実に四四組にも及んでいた。例えば、エリザ・ベンはおそらくアイザック・ベンの妻で、同様にジェーン・ワーキングはウィリアム・ワーキングの、そしてサラ・ニーダムはジョン・ニーダムの妻だったと推測される。

また、エリザベスとその配偶者のピーター・オーンフィールド夫妻は、他の異人種婚カップルの子供たち同様に乗船名簿の小見出しで「黒人の子供」と分類されている、息子のウィリアム・オーンフィールドとともにイングランドを旅立った。同様に、サラ・ケンブリッジはおそらく伍長の一人として指名されたジョン・ケンブリッジの妻だろうと推測される。加えて、別の伍長でベンガル出身のラスカルだったジョン・レモンも、妻のエリザベスとともにアフリカ行きの乗船名簿にその名前が見える。双方ともに一切の繋がりを持たないこの大陸において、二人は新たな家庭を築くことを夢見ていた。

一八世紀末のロンドンにおいて富裕層や有力者たちから「黒人貧民」と一括りにされていた人びとはその実、多数派のつい最近来たばかりのアメリカからの移民、一七八〇年代以前にイギリスへと連れてこられロンドンで将来の見通せない生活を送っていたためにアフリカでの入植地建設という理想像にかき立てられていた元家内奴隷、それに彼らと白人女性の間に生まれた子供でイギリスで生まれ育った子供たちを含んだ、多人種集団だった。

ボロをまとい両頬の削げ落ちたアフリカ系や西インド諸島系に北アメリカ系、アジア系に人種混合の人びとそして白人から成り立っていた、多人種で多民族なロンドンの黒人貧民とその家族は、何より二一世紀の今日の同じ都市ロンドンに暮らしている何千世帯もの家族ときわめて似ていた。

シエラレオネ到着から入植地の破綻まで

三隻の船は、予定から四ヵ月遅れの一七八七年一月に、テムズ川を出航した。最初の停泊地はポーツマスで、護衛を務める海軍軍艦と合流したが、熱病の蔓延と恐るべき冬の嵐に見舞われた船団はプリマスで再集結を余儀なくされた。熱病等で死んだり、寄港地での上・下船もあり、四月上旬にようやくやくアフリカへと船出した時には、二月時点の四五六人から四一一人に減っていた。ただし、最終的に出航した人数は史料によって異なるために、いまだに確定していない。困難を極めた一ヵ月の航海を経て、五月一〇日にこの小船団は、シエラレオネに上陸した。

開拓者たちはこの小さな入植地「自由の国」を、グランヴィル・シャープに敬意を表して「グランヴィル・タウン」と命名した。生い茂っていた林や雑草は伐採されて区画整理され、掘っ立て小屋が建てられて入植は開始された。

しかし、四ヵ月にわたるテムズ川上での時間の浪費、それに伴う出発の遅延は、最悪の時期に当地に到着する結果を招いた。わずか二週間後、現地では雨季が始まり、畑に植えられた作物の大半は大雨に洗い流された。その後も、無数の熱帯低気圧と突風が次から次へと沿岸部に襲い掛かった。疫病も満ち溢れていた。マラリアを始めとする数多の熱帯性伝染病に加えて、入植者を致命的に衰弱させた赤痢の大流行によって、死亡者数は跳ね上がった。一七八七年五月の到着から一年四ヵ月後の八八年九月の時点で、生き残っていた入植者たちはわずか一三〇人に過ぎなかった。

生き延びるためにはなりふり構っていられなくなった白人役職者は、入植地から二〇マイルさかのぼり奴隷貿易の積み出し港になっていたバンス島に駆け込み、あろうことか、同地の奴隷商人に雇用と保護を求めた。彼らのうちの何人かは奴隷貿易関連の仕事に就き、ほかの者たちもバンス島で何とかして要塞内の事務職や船舶の修理といった小間使い的な仕事にありついた。白人牧師のパトリック・フレイザーもこの島へ逃亡し、この奴隷要塞の城壁の内側で安全な寝床と食料にありついた。

一七八八年一二月、同地を訪れていた海軍軍艦の乗組員から放たれた流れ弾が、近隣のテムネ人集落の掘っ立て小屋の茅葺屋根に命中して火災が発生した。偶発的な事故だった。集落全体が怒りに包まれ、イギリス軍とテムネ人の間で武力衝突が発生し、戦闘は数日間にわたって継続した。現地のジミー王は入植地を八七年初めの状態へと戻すことにし、配下の戦士たちを派遣してグランヴィル・タウンをまるごと焼き払った。この時、生存していた入植者は七〇人前後とされるが、ジミー王はこの最後まで生き残っていた入植者を追い払う決心をした。

シャープは結局シエラレオネには直接足を踏み入れることはなかったが、上記のようなこの黒人貧民の入植地の経過報告を逐一受けながら、最初から最後まで遠く離れたイングランドから見ていた。[26]シャープは入植計画に一七〇〇ポンドもの個人資産をつぎ込んでいたが、破綻の後、これ以上はシャープ一族の資産に頼れないことも判明したので、協力者とともに、一七九〇年にセント・ジョージ湾会社を起業した。同社は直ちに再編され資本金も増強したシエラレオネ会社となった。

出資者の中には、この時シャープがすでに立ち上げていた奴隷貿易廃止運動協会のメンバー数人も含まれていた。ウィリアム・ウィルバーフォース、トマス・クラークソン、ジェームズ・フィリップスといった奴隷貿易廃止運動の代表的人物である。彼らは、自由黒人の入植者によるシエラレオネでのサトウキビ栽培が、単なる利潤確保の手段というより、奴隷労働に由来する何百万トンもの砂糖製品に対する不買運動の一助となる、道徳的な代替物となり得る可能性に期待した。合法的なアフリカ産の砂糖や原材料とイギリス製品との交易によって、奴隷売買という現況の貿易体制の圧倒的優位にほころびをもたらすことを思い描いていたのである。

4　第二弾、第三弾の合流

ノヴァスコシア人の到来

シエラレオネに黒人貧民の次にやって来たのはノヴァスコシア人（Nova Scotians）であった。一七八〇年代前半にニューヨーク、チャールストン、サヴァンナからカナダのノヴァスコシアに逃れていた、黒人ロイヤリストの男女たちである。一七八三年時点で、彼らは自由のみならず土地所有も保証されていたが、大半のケースでこの約束は破られた。というのも、ノヴァスコシアでも最良の土地はことごとく白人入植者に配分されて、黒人が獲得した土地の大半は耕作困難か、収穫が見込めないほど痩せた農地だった。同時に、自分たちの代表権を否認されながらも課税の対象となっていた。

そこで浮上したのが危機に瀕したシエラレオネ入植地に第二弾として合流する計画案である。彼らの中に、ノースカロライナ植民地出身の元奴隷でアメリカ独立戦争の退役兵だったトマス・ピータースという男と、これも独立戦争の退役兵でトマス・クラークソンの実弟でもあったジョン・クラークソンという男がいた。この二人は、一七九一年、連れ立ってノヴァスコシアに向かい、黒人ロイヤリストの入植地域を練り歩き、新生シエラレオネ植民地の計画について宣伝し、現地に移住するすべての男女と子供に土地が与えられると約束した。そしてわずか三ヵ月強という期間で、彼ら二人組は総勢一一九六人もの黒人の男女と子供たちに、この一〇年足らずの間で二度目となる移民を決心させることに成功した。

一七九二年一月一五日にノヴァスコシア植民地のハリファックスを出港した船団は、かつてロンドンから黒人貧民たちをシエラレオネへと運んだ船団の五倍の規模に達していた。総数一五隻の船団には、単身入植者もいれば一家総出で入植する者たちもいた。恐るべき真冬の嵐に翻弄された七週間の航海の果てに、彼らは五年前のロンドンからの黒人貧民たちと同様に、シエラレオネに辿り着いた。[27]

岸辺に辿り着いた入植者は物資類を陸揚げした後、事前に約束されていたグランヴィル・タウンでまともな居住地がほとんどないことに愕然とした。そこで入植者たちは、自身の新たな入植地の建設という大仕事を、ほぼゼロから開始せざるを得なかった。これは、かつてのグランヴィル・タウンをそのまま復興するという作業にとどまらず、より広大かつ、より立派にする必要があった。そして同地は、「フリータウン（Freetown）」と命名された。苦労の末に自由の身となった元奴隷の入植地という意味において、同地は文字通りの自由の町だった。

ここに至って、一〇年前にアメリカから脱出した黒人ロイヤリストは、九年も遅れた上にまったく別の大陸の土地だったが、イギリス政府が約束した土地をやっと獲得した。今日のフリータウンの存在は、最終的にノヴァスコシアの黒人たちが持続的な植民地の建設に成功したことの証である。

しかし彼らも、かつてロンドンの黒人貧民を打ちのめしたのと全く同じ試練と損害に苦悶した。真夏の高温、雨季の豪雨、熱帯性伝染病のすべてが一丸となって、入植者に破壊と死をもたらした。入植後最初の一年だけで、およそ二〇〇人もの人びとが疫病の犠牲となった。一七九二年の雨季は、一七八七年にロンドンの黒人貧民に多大な犠牲者を発生させたときよりも深刻だとさえ言われた。彼らの損害を何とか埋め合わせたのは、何よりかつての黒人貧民より人数が多かったことであった。

一七九三年、分配された土地から免役地代を徴収しようというシエラレオネ会社側の主張は、入植者の不満を高めた。これは、一七九一年時点でクラークソンとピータースが黒人ロイヤリストに提示した確約への重大な違反行為であった。会社側の方針は激しい憤慨を招き、断固たる抵抗に直面した。緊張状態は、事実上の反乱と呼べる段階にまで高まった。かつて北アメリカで奴隷制に反旗を翻し、自分自身の自由のためにアメリカ独立戦争を戦い抜いた黒人ロイヤリストの一部は、現地のテムネ人たちの支援によって会社の支配体制を転覆に追い込み、イギリス帝国の支配そのものにすら挑むことができると信じた。果敢にロンドンに抗議団を派遣して、ついに反乱に及んだ。[28]

この反乱により、フリータウンの住民は真っ二つに分断された。約半数の者は反乱を支援し、残りの人びとは傍観に徹した。反乱の帰趨は武力衝突により決し、反乱の扇動者は戦死するか捕虜となり、数人は絞首刑に処された。それ以外で反乱に加わった者も追放された。彼らの服従することを潔しとしない性格は、植民地の進歩を阻害する主要な要因としてイギリス議会に報告されている。[29]

マルーン人の合流

ノヴァスコシア人の次にやって来たのはマルーン人（Maroons）であった。マルーン人とは、一六五五年にイギリスがスペイン領ジャマイカを征服したときに山間部に逃げ込んだ逃亡奴隷のことで、[30]彼らは雌伏一四〇年そこに潜んでいたが、一七九五年に至ってイギリスにたいして反乱を試みた。最終的に彼らは降伏し、一四〇〇人ないし一六〇〇人のうち約六〇〇人が一七九六年にノヴァスコシアに送られた。一種の流刑である。流刑地は、最初からシエラレオネも考えられたが、ノヴァスコシア人の扱いに手を焼いていたシエラレオネの統治者に断られていたのである。[31]

結局彼らは約五五〇〇人で一八〇〇年一〇月にシエラレオネに到着し、ノヴァスコシア人の反乱を鎮圧する統治者側の助っ人として登場した。[32] 黒人貧民の最後の生き残り、ノヴァスコシア人という先達者と合流して大西洋を横断し、アフリカ大陸沿岸部で行われていた実験に参加させられた。

マルーン人はかかる助っ人として登場したために、ヨーロッパやアメリカからシエラレオネに来た移民たちが黒人貧民や白人のように気候や土壌になじまなかったり、ノヴァスコシア人のように政府との摩擦が絶えなかったりしたのと異なり、統治者側の評価が高かった。少なくとも最初のうちは問題がなく、人口も一八一一年までに他の移民とは異なり、八〇〇人以上に増えている。[33] しかし、彼らの帰郷の意志は早くから、次のように議会報告書に記録されている。

> マルーン人は行動的で大胆であり、生活に誇りを持ち、力に自信を持ち、身体の性質を自負し、独立を愛する。しかし、彼らは一般に時がくればジャマイカに戻りたいとの希望を心に抱いており、したがって、将来利益が期待できるといって植民地の改善のために精を出すように彼らを誘ってみても困難が付きまとう。かかる状態では彼らは容易に服従しない民となり、アフリカの文明を推進するのに最上の状態にすることを困難にしてしまう。[34]

自由の国のバージョンアップ

以上のように、シエラレオネには黒人貧民の後、ノヴァスコシア人、マルーン人がそれぞれロンドン、カナダ、ジャマイカからやってきた。ロンドンから黒人貧民が移送される際に提案された行き先もノヴァスコシア、バハマ諸島、ニューブルンスウィック、ガンビア川と多様であった。シエラレオネにたどり着く人びとの多様性とロンドンからの移住先の選択肢の多さは、現実においてばかりか入植計画や構想の上でも、イギリス帝国が北米、カリブ海、アフリカにおよぶグローバルな規模の広大な帝国であることを示していた。

彼らは敗北に打ちひしがれて片隅に押し込められていた少数者であることはたしかであったが、翻弄されるばかりの存在ではなく、こうしたグローバルな移動にかすかな希望を抱き、現地到着後も果敢に主体性を発揮して新たな土地を切り拓いた人びとでもあった。シエラレオネにしても単に世界に散らばった敗残兵をかき集める集積場ではなかった。

第一期の一七八七年から九一年は、グランヴィル・シャープの「自由の国」建設の時期だったが、この時期を担ったのは紛れもなく黒人貧民だった。次いでノヴァスコシア人がやってきた第二期の一七九二年から一八〇七年は、シエラレオネ会社という特許会社が啓蒙的原理に基づいて統治を試みた時期と見なしうるが、ノヴァスコシア人も統治されるばかりではなく自由の国のバージョンアップにいそしんだばかりか、それが妨げられると会社側への反乱も辞さなかった。

一七八七年の植民地創設から一八一七年に至る三〇年間のシエラレオネの歴史の第三期は、次章で見る奴隷貿易廃止法が施行された一八〇八年から一七年までの直轄領化の時期までとされ、この第三期にはまた新たな入移民が押し寄せるようになる。[35]

第４章

奴隷解放と「黒人消滅」

19世紀

Chapter 4

Emancipation of Slaves and “Disappearance of Blacks”

1　奴隷貿易の廃止から奴隷制の廃止へ

議会戦略

何百万人ものイギリスの人びとの意識に広まった奴隷制に対する反対運動は、元来は一七七〇年代から八〇年代において、クウェーカーやイングランド国教会福音主義派といった宗教的少数派からの弱々しい不満の訴えとして始まったにすぎなかった。八〇年代も後半、ロンドンの黒人貧民がシエラレオネの新生入植地へと出発した一七八七年に、奴隷制廃止運動が正式に立ち上げられた。同年五月二二日に、ロンドンの印刷屋に一二人の男たちが集まった。創設メンバー中でも最重要の人物となったのが、ケンブリッジの助祭だったトマス・クラークソンと庶民院議員のウィリアム・ウィルバーフォースの二人であった。以後二〇年あまりにわたって、ウィルバーフォースは議会での活動を通じて、クラークソンは地方遊説や講演会を通じてともに運動に携わった。両者の提携関係は大衆動員と議会戦略という、奴隷制廃止運動が採用した二方面作戦を端的に示した。[1]

ここではまずは権力の問題、すなわち議会で多数派となって法律を通過させることに注目していく。イギリスの支配者たちが奴隷制を廃止し、西インド諸島の奴隷たちを解放したのは、彼らがそれを欲したためであったし、議会の両院では博愛主義的傾向が多分に見られ、奴隷制に反対することは、国としての償いに必要な行為なのだというウィルバーフォースの見解に議員たちは心酔していたからである。[2]

以下、近年の研究を参考にしながら、この議会戦略経過のみ見ていくと、一七八九年にウィルバーフォースは奴隷貿易の廃止を求める初めての演説を、庶民院で行った。九一年、最初の奴隷貿易廃止法案が、彼によって庶民院に提出されたが、八八票対一六三票という大差で否決された。翌年の九二年の二度目の法案も否決となり、その後も九四年から九九年にかけて、毎年のように提出し続けたが、議会には内外の問題が山積していずれも日の目を見ることはなかった。

転機となったのは一八〇四年で、この年、彼は再び奴隷貿易廃止法案の提出に踏み切ったところ、同法案は庶民院を通過したものの貴族院で否決された。翌〇五年に再提出された奴隷貿易廃止法案は、今度は庶民院にて僅差で否決の憂き目にあった。だがこの年、議会を包んでいた政治的ムードは転換し始めた。ネルソン提督率いるイギリス艦隊がナポレオンが派遣したフランス＝スペイン連合艦隊を撃破したトラファルガーの海戦で、世界におけるイギリスの軍事的経済的な優位は一段と強化された。議会内の勢力図も変わりつつあった。これまで奴隷貿易廃止法案の転覆を試みていた、奴隷制擁護派の議員たちの大半が引退ないし死去して、〇六年の総選挙後に議会の顔触れは大きく変貌した。

議会における数多くの挫折を経て、ウィルバーフォースは最後となる奴隷貿易廃止法案を、彼の宿願に対してこれまでにないほどの共感が寄せられた議会に提出した。同法案は両院を通過後、一八〇七年三月二五日に国王ジョージ三世の裁可を得て、〇八年に施行された。チャールズ二世治世下の一六六〇年代に始まったイギリス人による奴隷貿易は、この法律によって完全に廃止となって禁止され、違法であると宣言された。

次なる標的

一八〇七年の歴史的な大勝利の後、次なる標的が奴隷制そのものの廃止であることは明白だった。奴隷制が存続していたがために、奴隷貿易の廃止をめぐる政治闘争が繰り広げられた、一七八九年から一八〇七年までのおよそ二〇年の間にも、ざっと七六万七〇〇〇人ものアフリカ人たちが、イギリスの奴隷船によって移送され、恐怖にさらされ続けていた。[3] にもかかわらず、その後一〇年あまりの間は、ほとんど何も起こらなかった。奴隷制廃止運動はここで、完全な休眠期間へと突入してしまった。

そもそも、長きにわたった奴隷貿易廃止運動の期間中に、奴隷制廃止運動家は奴隷所有者や奴隷制擁護の西インド諸島利害関係者に対して、ひとたび奴隷貿易が廃止された暁には奴隷制そのものの廃止を模索するような提案は行わないと、繰り返し確約していた。奴隷の即時解放は、奴隷とその奴隷所有者の双方を破滅的な災厄へと導きかねないと、主張していたからだった。奴隷貿易の廃止が奴隷の供給を止めれば、そのうち奴隷制そのものも成り立たなくなるとの見通しである。これがウィルバーフォースやクラークソン、その他大半の発言力のある奴隷制廃止運動家が公的にも私的にも推し立てていた漸進主義という大原則である。

だが、奴隷制廃止運動家とイギリス政府の双方が着手した、西インド諸島における奴隷制の統計データの収集により、奴隷の状況は一八〇八年以降改善されていないことが判明した。この統計データは、一八一七年に始まり通常三年ごとに繰り返された奴隷の登録をもとに集計され、一八二〇年代に出てきていた。これは奴隷貿易が廃止されれば奴隷の状況は改善に向かうとの見通しとは逆のことを示した。出生率の低さと死亡率の高さは変わらず、奴隷の生活や労働の状況も改善されないまま、プランテーション経営者たちは奴隷を虐待し働かせて死に至らしめるという旧態依然たるパターンに固執していたのである。

これに加えて、一八二〇年代からは奴隷制の即時廃止を要求するジョセフ・スタージらの若い世代の急進的な奴隷制廃止運動家が台頭してきた。漸進主義者の慎重さは、この即時廃止論者が率いる新たな機運に取って代わられた。今や集会はより大掛かりなものとなり、請願書はより大々的かつ頻繁に起草されるようになった。即時廃止を主張する奴隷制廃止運動家は有給で専属弁士を雇い入れ、彼らはイギリスじゅうに散っていった。これらを受けて巻き起こった、奴隷制の廃止を求める大衆の叫び声も、一八三〇年代の最初の三年間にわたってその熱気を維持し続けた。

その最中の三一年にはジャマイカで奴隷の反乱が勃発した。賃金支払いを要求してサトウキビ畑の座り込みストライキをした奴隷に対して、プランテーション経営者は銃弾と銃剣で応えた。抗議者は反乱者に変わった。少なくとも二万人の奴隷が一斉に蜂起した。反乱は二週間にわたって続き、現地の守備隊、白人民兵隊、黒人徴募兵連隊が島を完全に平定するのに三ヵ月かかった。それは残忍な暴力で遂行されたおぞましい任務であった。

大問題の最終決着へ

本国にはジャマイカから黒人の反乱者に対する数多くの迫害報告が寄せられ、バプティストの説教師によって休む間もなくその報告書が出版され続けた。一八三二年の総選挙において、奴隷制廃止運動家の活動は最高潮に達した。投票日が近づくと、奴隷制廃止運動家はすべての立候補予定者に対して、奴隷制問題をめぐる立ち位置の調査を行った。奴隷解放を支持した候補者は有権者に推薦された。多くの有力候補者や何人かの現職議員は、即時の奴隷解放に対する支持を公式に表明した。

総選挙後の新議会で解放支持派が多数派を占めると、即時解放の議論が進行した。また議会外の奴隷制廃止運動の大義のもとに動員された大衆による圧力は、決して無視できるものではなかった。奴隷制廃止運動系の新聞は即時廃止を頑として要求し続け、大規模集会が止むことなく開催され続けた。とうとう一八三二年五月、新たに組閣されたホイッグ党政権は、奴隷制廃止・解放を支持する議員たちが多数派を占める議会へ、奴隷制廃止法案を提出した。三三年までに、イギリス政府にとって奴隷制は廃止されるべきことは明白となり、問題はいかにそれがなされるべきかになった。[4]

奴隷所有者、西インド諸島利害関係者、奴隷制廃止運動家の三者の間での譲歩成立が、一八三三年夏の奴隷制廃止法案通過に道を開いた。まず奴隷所有者ならびに西インド諸島利害関係者は、奴隷制の終焉を受け入れた。次いで奴隷制廃止運動家は、奴隷所有者に対して財産喪失に関する補償を行うことに同意した。これこそが、プランテーション経営者が何十年間にもわたって、その獲得のためにロビー活動をし続けた条件だった。これらは官僚主義的な政治的交渉と実利主義的な妥協に基づく無粋な審議過程に他ならなかったが、この大問題が最終決着するには避けがたいものだった。

政府は、補償内容について法案に明記する必要性を認めた。実に二〇〇〇万ポンドもの予算が、四万六〇〇〇人もの奴隷所有者たちに対する補償として拠出されることになった。これは、一八三三年度政府支出の実に四〇%を占め、今日の金額に換算して一七〇億ポンド前後もの大金に相当する、イギリス史上空前絶後の予算支出だった。[5]

怪物は死んだ

八〇万人もの奴隷たちはようやく解放されることにはなったが、それは即時にではなかった。彼らはある意味、自身の解放に関連する費用の一部負担を強制される格好となった。サトウキビ畑で使役させられていたすべての奴隷たちは、同じ主人の下で無報酬のまま更に六年間の労働義務を負った。家内奴隷たちもまた、四年間の労働継続を義務付けられた。

奴隷制廃止運動の最後のエネルギーの中で、調査官が西インド諸島へと派遣された。そして、この奉公期間は虐待と搾取にあふれたシステムであると暴露した報告書が書かれた。抗議やストライキ、その他あらゆる形での抵抗が、自分たちの置かれた状況や待遇を大きく変革しようと苦闘する、今や元奴隷となった人びとの間で広まっていた。[6]イギリス本国においては、改めて大衆による請願書が起草され、五〇万人を超える人びとが署名した。政府は再び、奴隷制廃止運動の大衆的な圧力の前に屈し、解放の日時は一八三八年八月一日へと前倒しされた。

解放の瞬間に関する最も鮮明な記録は、バプティストの説教師ウィリアム・ニブの回想録中に描写されている。ニブは、ジャマイカ北西部の港町ファルマスにある小さな礼拝堂で黒人の信徒たちを出迎えた。一八三八年七月三一日、礼拝堂付属の墓地への入口の上には、ただ一言「自由」とのみ記された旗印が掲揚された。解放当日が間近に迫ると、ニブは芝居がかった様子で礼拝堂壁面の時計を指差して演説を始めた。「時はもう目の前だ、怪物は死に瀕している」。次いで、時計のベルが深夜一二時を告げる最初の音を鳴らすと、彼は「時計は鳴った。今、怪物は死んだ。ニグロは自由だ」と続けた。

奴隷解放の日の早朝、イギリス史上最も尋常ならざる葬儀の一つが執り行われた。学校近くの地面には、埋葬のための穴が掘られた。墓穴の前に運ばれてきた棺には、足枷一式と鎖や鞭に鉄製の首輪といった、奴隷制絡みの道具類が納められていた。大勢が集まり、曙の光の中で、これまでの三世紀あまりに何百万人もの奴隷たちの遺体が埋葬されてきた地中、すなわちジャマイカの大地へと、棺は紐で吊るされながら下ろされた。会衆たちは讃美歌を合唱した後、自由の旗印とともに式場の隅に掲揚された、ユニオンジャックに対して万歳三唱した。埋葬場所の上に設置された墓石には、以下のような墓碑銘が刻まれていた。

植民地の奴隷制。一八三八年七月三一日死去。享年二七六歳。[7]

2　女性と黒人の参加

空前の規模となった運動

一七八〇年代から一八三〇年代にかけて、すなわち奴隷貿易の廃止運動から奴隷制の廃止にいたる過程の中で、どれだけ尋常ならざるほど多くの人びとを奴隷制への反対に巻き込んだか。大衆動員、すなわち大衆の教化と説得、議会外の政治的なロビー活動は空前の規模となり、革命性すら帯びた。奴隷制廃止運動家は、何千冊もの小冊子やパンフレット類を執筆・出版するとともに、大衆請願書を運動のツールとして用いた点で、先駆的な存在となった。彼らはイギリス中から数百万人分もの個人署名をかき集め、数百通もの請願書を議会に提出した。歴史家たちの見積もりに拠れば一七八七年から九二年の期間、イギリスの総人口が一二〇〇万人前後だった時代に、一五〇万人もの人びとが奴隷貿易廃止の請願書に署名していた。[8]

事実、この奴隷制に反対する運動は、カトリック教徒の解放や議会改革を支持する運動をしのぐ広範な支持を得た運動だった。一九世紀には、これほど広範な支持を得て、長期間にわたって大成功した運動はなかった。国教徒と非国教徒、男と女の違いを問わず、イギリス各地の都市や農村から、これほど多くの支持者を惹きつけ、あらゆる階級から熱狂的な支持を受けた運動はなかったのである。[9]奴隷制廃止運動家たちを輩出した上流階級や中流階級の人びとのみならず労働者階級も含んだこの運動の広がりや、ロンドン以外のマンチェスターなどの都市への地理的な広がりについては、これまで多くの歴史家たちが論じてきた。[10]

砂糖ボイコット運動から

ここで追加すべきものがあるとしたら、それは近年研究が進む女性の観点であろう。[11]奴隷制廃止運動の節目節目には、女性が署名した大部の請願書が全員が男性で構成された議会に提出されていた。当時、完全に男性の独壇場と見なされていた女性の選挙権および政治に関わる一切の役割を否認されていた彼女たちに、長年にわたって社会的に容認されていたのが請願書の提出だった。

奴隷制廃止運動十字軍の持つ、慈悲、共感、家庭を守ることの重要性を強調した人道主義的な本質は、女性らしさに適合する徳目であると見なされた。まさしくここに、女性たちの活力と共感はそのはけ口を見出し、女性の奴隷制廃止運動家による、各種団体や委員会が結成されていった。彼女たちは奴隷制廃止運動集会を開催し、小冊子やパンフレット類に詩歌を起草し、請願書への署名を集めるとともに活動への寄付を募った。

家庭内の領域に閉じ込められていた女性たちが反奴隷制政治活動を家庭内に持ち込む契機となったのは、砂糖ボイコット運動への参加であった。[12] 奴隷制廃止運動家は、奴隷によって生産されたラム酒や黒砂糖の使用を忌避し、代わりに自由労働の下で生産された東インド産の砂糖、あるいはレモンを紅茶に入れるように推奨した。一七九一年に出版され、二〇万部も印刷されたウィリアム・フォックスの著書は「砂糖一ポンドを消費すれば奴隷の人肉二オンス分を消費するも同然」と呼びかけた。[13] 九一年から九二年にかけてこれに参加した人の正確な数は知るよしもないが、全国三〇万家庭ともいわれている。[14]

とりわけ一八二〇年代から三〇年代の期間においては、女性の参加なくして奴隷制廃止運動はその目的を達成できなかったとも言われる。二〇年代には、女性の奴隷制廃止運動家は男性の同志たち以上に急進的になっていった。例えばイングランド中部のシェフィールドにおいては、女性たちによる奴隷制廃止運動協会が即時廃止を要求したのに対し、男性たちによる委員会の方は漸進主義を提唱したことで、ある種の分裂状態に陥っていた。[15]

即時廃止論の提唱者の中でもとくに魅力的な雄弁家だったのは女性たちで、とりわけ一番大胆な論客はイングランド中部レスター出身のクウェーカーの学校教師、エリザベス・ヘイリックだった。一八二四年、彼女は『漸進的ではなく、即時の奴隷制廃止を』と題するパンフレットを執筆し、「奴隷制廃止運動家が熱心かつ漸進的に、奴隷制を少しずつ弱体化させ死滅させようとする間にも、奴隷制は自らを再び強化する手段を徐々に発見し、そう遠くないうちに、敵対者たちからの脆弱な攻撃などすべて跳ね返してしまうだろう」から、奴隷制は「一撃の下に破壊されなければならない」と主張した。[16]

イクイアーノとクゴアーノの自叙伝

女性の他に、もう一つ奴隷制廃止運動の広がりの一助となったのは奴隷貿易と奴隷制の廃止の対象に他ならなかった黒人である。奴隷制廃止運動家は何千冊もの印刷物を使って運動を展開していたが、もっとも驚嘆すべき運動関連の書籍となったのは、かつて奴隷だった黒人男女たちの自叙伝だった。それらの中でもとりわけ重要となった二冊は、オラウダ・イクイアーノとオットバ・クゴアーノという、友人にして同志だった二人のもっとも精力的な黒人の奴隷制廃止運動家によって執筆された。

このうち、オラウダ・イクイアーノの奴隷制に関する実録『アフリカ人、イクイアーノの生涯の興味深い物語』は出版されベストセラーとなった。もっとも今日の歴史家の中には、著作内の事実性について議論している者もいる。一七四五年頃に、今日のナイジェリアで生まれたと信じられているイクイアーノは、一一歳前後の時にアフリカ人奴隷商人に捕まり、西インド諸島のバルバドス、次いでヴァージニアへと連れて行かれた。この大西洋を横断した奴隷船と中間航路についての叙述は、史上もっとも有名な記録と見なされている。

まず奴隷商人によって、アフリカでの子供時代とアフリカ人としてのアイデンティティーを引き剝がされたイクイアーノは、アメリカ大陸で奴隷となることを強いられた。他の大半の元奴隷とは異なり、プランテーションでの肉体労働ではなく、植民地の奴隷制と深く関連する船上労働に従事させられていた。

親から与えられたオラウダ・イクイアーノというオリジナルのアフリカ名は奴隷船上で奪われ、三五年後にまた名乗り始めるまで長らく失われたままだった。複数の所有者を渡り歩く度に、イクイアーノは改名させられた。いくつかあった名前の一つは、一六世紀のスウェーデン国王に因んだ、グスタヴァス・ヴァッサという名前であった。彼を新たに購入した新主人イギリス海軍士官による命名であった。イクイアーノは自著に出てくる人物、たとえば、アフリカ名があったはずの父母や姉の名前は挙げていない。この理由は、おそらく命名を権力の行使として意識していたからだ。名を奪うのがすべてを剝ぎとる収奪の文化での一部であるように、新たな名を与えるのは、侵略と支配の文化の行為となりうる。[17]

結局イクイアーノは生涯で三回売却され、その度に三人の異なる男に所有されることになるが、この期間中で唯一つ継続したことは、船上で働き続けたことだった。他人の財産扱いだったこの二〇年あまりの期間中、イクイアーノは西インド諸島、北アメリカ、中央アメリカを旅し続けた。ヨーロッパとトルコにも訪れた。後に自由人となってからは、なんと北極圏への航海に乗り出すことすらあった。こうした当時では異常なほど広範な旅路は、この時期のグローバリゼーションの醜悪なパロディーであるかのようである。

これは前章で見たアメリカ世界からロンドンを経由してアフリカに移住した黒人貧民や、イクイアーノの女性版ともいうべき、ジャマイカ出身で異なる人種の両親をもつ女性エリザベス・マーシュ（一七三五〜八五年）のヨーロッパ、アフリカとくにモロッコ、両アメリカ大陸を経巡ったグローバルな旅路も同様である。[18]

持ち前の勤勉さとある種の幸運を通じて、イクイアーノは最終的に自身の自由を買い取り、イギリスへとやって来た。相変わらずしばしば航海に出てはいたものの、一七八〇年代にはロンドンで自由黒人としての生活を送っていた。一七八三年には草創期の奴隷制廃止運動に参加するとともにグランヴィル・シャープにも接触し、黒人たちが元主人によって拉致されるという事例に遭遇する度に、彼の助力を請うた。

『興味深い物語』の出版によって、イクイアーノは一躍有名人となった。同書に対する需要は非常に大きかったので、イングランド国内だけでも八回も増刷されるに至った。そればかりか、すぐさまドイツ語、ロシア語、オランダ語に翻訳され、アメリカ版まで出版された。メソジスト派の創始者ジョン・ウェスレーはその死の床において『興味深い物語』を読了し、また同書はフェミニズムの先駆者メアリ・ウルストンクラフトによって書評された。同書が出版された一七八九年に、すでに四〇代だったイクイアーノは、影響力ある弁士にして熱烈な活動家として、その名声と自身の半生の物語を十全に活用し、奴隷制廃止運動サークルにおける最重要人物の一人へと登りつめた。

イクイアーノの友人にして同志だったクゴアーノも、イクイアーノの助力と指導の下で自叙伝を執筆した。[19] この声高な非難に満ちた著作中で、黄金海岸で生まれ、一三歳前後の時に奴隷商人に誘拐され、西インド諸島のグレナダ島で奴隷となり、サトウキビプランテーションでの重労働を強いられた経験を記し、奴隷貿易並びに奴隷制の即時廃止を要求した。

「アフリカの息子たち」

イクイアーノとクゴアーノは、他の在英黒人とともに、奴隷制を彼ら自身が経験ないしは奴隷の両親から生まれ、その制度との闘いを決意した男たちで構成された「アフリカの息子たち」という名前の団体を結成した。この団体は白人の奴隷制廃止運動家同様に精力的で、嘆願を起草したり弁舌を振るったりといった活動を行った。

もっとも、彼らの活動記録は完璧にはほど遠く、未解明のものがどれだけ残されているかすらも定かではない。奇跡的に現存しているのは、彼らにとって偉大な同志であるグランヴィル・シャープが一七八七年一二月に起草した文書である。この団体の手による請願には、「あらゆる場合にも、奴隷制に苦しむ私たちの同胞を助け出すためにあらゆる手段を使う、貴殿の長きにわたる貴重で不屈の偉業と慈愛に対して、私たちの感謝と愛を表明し伝える」とシャープへの感謝と称賛の念が記されていた。[20]

「アフリカの息子たち」は、先の自伝を通じて語ったり書いたりした言葉によって、黒人たちの人間性という自明の理に対して未だに疑念を抱く者たちが少なくなかった時代にあって、自身がその生きた証拠であるとイギリスの公衆に示すことができた。イクイアーノやクゴアーノ、および彼ら以外の在英黒人フィリス・ウィートリーやジェームズ・グロニオソウにイグナティウス・サンチョ、それに加えて後にはメアリ・プリンスも、その書簡や詩歌、回想録や弁論に雑誌投稿、それにイギリス国内に現に存在する彼ら自身を通じて、奴隷制擁護ロビーの下で出現し増大していた各種プロパガンダに対する、カウンターとしての役割を果たした。[21]

3　シエラレオネの再捕獲奴隷

第四の移民集団

ここからは一転してイギリス本国からふたたび遠く離れた植民地シエラレオネに視点を戻してみよう。奴隷貿易と奴隷制廃止の実現はこの遠隔の植民地の地位や状況にも根本的な変化をもたらした。一八〇七年八月八日、植民地をイギリス政府に委譲する法案が王室の同意を得て、シエラレオネは翌年一月一日に直轄植民地となった。ここにも適用された奴隷貿易廃止法はイギリスの奴隷貿易を終結させたとは言っても、他国による奴隷貿易は続行していたし、奴隷貿易の本場であり続けた西アフリカの奴隷の供給先をせいぜい南のほうにそらしただけとも言えた。

イギリスは奴隷貿易を取り締まる海軍の軍艦を西アフリカ沖に派遣したが、たとえば、ある報告では、一八四六年から四七年まででアフリカから送られた奴隷数のうち、イギリス船が捕獲して解放した黒人は四％に過ぎなかった。[22] 一八〇八年から六三年までのより長期のデータ分析でもその割合は六・二％にとどまる。[23] 圧倒的に多数の奴隷は海上では捕獲・解放されなかった。

しかし、反奴隷貿易キャンペーンはシエラレオネに一種の人口動態革命を引き起こした。裁判と調停のためにイギリス船によって捕獲されたすべての奴隷が持ちこまれたことにより人口が急増したのである。かくしてシエラレオネは、アフリカ西海岸あるいはもっと遠隔地を本来の故郷に持つ「解放アフリカ人(liberated Africans)」を集積する場所＝疑似故郷となった。

この人びとは公式には「解放アフリカ人」、より便宜的には「再捕獲奴隷(recaptives)」と呼ばれた。一度奴隷制に捕らわれ、次いで二度目に自由になるために捕らわれたという意味である。彼らは、すでにシエラレオネに来ていた黒人貧民、ノヴァスコシア人、マルーン人につぐ第四の集団ということになる。

規模としては先行した三集団より大きくかつ最大であり、しかも三集団がいずれもヨーロッパやアメリカで脱部族化を遂げ、部分的には、ヨーロッパ化されていたのに対し、この黒人たちは差し止められた奴隷船から直接解放されたために、例外を除いてヨーロッパやアメリカとの接触はまったくなく、部族性をそのまま携えながら、それぞれ異なるエスニスティの出自をもったきわめて異種混合性に満ちた第四の移民集団であった。[24] 以下で注目するのは、この第四の移民集団の人口データである。依拠する資史料は議会各種委員会報告書[25]とクチンスキーの著書[26]、およびに植民地省文書を含むニューベリの史料集[27]である。

人数と処遇

他国船による奴隷貿易がいまだ最大の活況を呈していたベニン・ビアフラ両湾で、イギリス海軍によって捕獲された黒人はそのまま解放されず、八〇〇マイルから一二〇〇マイル離れたシエラレオネまで連れてこられて、裁判にかけられた上で解放された。到着まで平均して五週間、長くて八～九週間もかかったために、解放のために捕獲されても病気などで死者が大量に出た。一八三〇年に提出された、両湾沖合に浮かぶフェルナンド・ポ島に裁判所を移して「これらの非人道的輸送の犠牲者たちの船上にある苦しみを短くするという慈悲深い」案は、実現を見なかった。

シエラレオネでの解放から登録までの短い間にも多くの死者があり、登録後の最初の数週間も死者が多かった。船内でかかった病気やシエラレオネとはまったく異なった気候の地域から来たアフリカ人がいたためであり、到着後、四ヵ月以内に死んだ解放アフリカ人は、一八〇八年から一八三〇年まででで一五％に達したとの推計もある。

ここで解放アフリカ人の数字を確認しておけば、一八一七年までの史料は錯綜しているが、一つの数字として上陸者が一万二一〇二人、定住者が九四八〇人であり、一八一九年から一八四五年まででは、捕獲された者七万四一二九人、解放された者六万四六二五人、登録された者五六九三人であり、一八四七年から一八五五年まででは、捕獲された者一万四六四五人、解放された者一万三八三〇人であった。

シエラレオネに到着してから奴隷たちはいかなる処遇を受けたのであろうか。奴隷貿易廃止法は、奴隷貿易の鎮圧、海上での奴隷船の捕獲、シエラレオネでの軍隊入隊ないし年季奉公について規定していた。しかし、これ以上のことは何も規定しておらず、解放されたアフリカ人の未来についてもむろん何も規定していなかった。

軍隊入隊と年季奉公のうち、まず、軍隊入隊については、シエラレオネに着いたばかりの彼らは疲弊していたので、軍務に耐え得る者は少なかった。にもかかわらず、「健康上の理由で、ヨーロッパ人の海・陸軍、文民各部門への雇用は最小限にとどめて」、軍務には「黒人を代用する」との方針に添って、黒人の同意のあるなしにかかわらず強制され、到着したばかりで生活手段が他に見つからない者が狙い撃ちにされた。

彼らはアフリカ軍団（Africa Corps）や西インド諸島連隊（West India Regiments）の一部を担ってイギリス帝国の防衛のために奉仕した。解放アフリカ人は、奴隷貿易の鎮圧と西アフリカと西インド諸島の熱帯地域におけるイギリスの軍事的プレゼンスの間の連結点を形成したのである。[28]

次に、年季奉公については、農業労働、港湾労働、ポーター、ヨーロッパ人家庭での従僕などの需要があったが少ない人口のため需要そのものが少なくすぐ満配となった。だが、年季契約料を吊り上げつつ、一八四七年まで残存している。[29] 問題は増え続ける解放アフリカ人の生存維持の責任を軍務、年季奉公の他に奴隷貿易廃止法は何も規定していないことであった。しかし増大する人口を前に何らかの処置が取られなければならなかった。行き着いたところは出移民政策しかなかった。

故郷と異郷

出移民（emigration）には強制的移民と自発的移民との両方があった。まず強制的移民の方は、シエラレオネ植民地設立の直後から北方のガンビア川への無差別的な出移民があり、一八二九年以降は多数にのぼり、一八三八年にガンビア川新総督の非難により、解放アフリカ人の受け入れが拒否されるまで続いた。結局「ガンビア川に移り、落ち着いた者」の総計は、二九一四人に達した。この移民はガンビア川植民地の形成に深い影響を与えた。

他の形態での強制的移民には、解放アフリカ人、とりわけその子供の誘拐があった。一八一五年に誘拐の記事があるほか、三〇年には出生率が死亡率に対してはるかに高いのに総人口が大幅に減少している理由として「公然とではないにしても、この植民地内で奴隷貿易が直接に行われているか、幇助されている」と指摘する記録がある。公然ではない「植民地内」の「奴隷貿易」とは、三〇年代に頻発した誘拐であった。

解放アフリカ人は、名目上は解放されて自由になったとはいえ、強制的移民や誘拐の危険にさらされていた。では、完全に自由になること、つまり捕獲される前の状態に返る自己回復、すなわち故郷に帰るという欲求はなかったのであろうか。これが自発的移民である。強制的移民が上からの移民だとしたら自発的移民は下からの移民であり、ここで注目するのはこちらの方である。

一八〇八年三月一六日の評議会令には、自らの「故郷（native country）」に帰りたいとの意思を表明する再捕獲奴隷について、関税徴収人がなすべき処置についてはいかなる指示もない。しかし、コロンバイン総督は、一一年報告書で、次のように述べている。

> 誰でも自分の故郷に帰りたいと思ったときはいつでも、また帰郷が実現しそうなときはいつでも、そうすることが許されてきた。まず総督の紋章を付した直筆による書類が渡され、この書類は、アフリカの慣習や法によれば帰郷を邪魔だてする者にたいして十分な安全を保障するものとみなされる。

一八一〇年代の様々な史料は、近隣部族の先住民で帰郷した四つの事例があることを以下のように伝えている。

クソー〔原語 Cussoo、Soussou とも表記されススと訳される〕国のアフリカ人はこの四年間で、おそらく八〇〇人来て、二五〇人帰った。……

証人の印象ではこの植民地の近隣で捕らえられた成人男子の三分の一は帰郷していると思う。……この植民地はクソー人の慣習に合わないのでほとんどが帰郷する。彼らは農民であり、ここには彼らが耕すに足る土地はないのである。……

近隣部族のアフリカ人は、釈放されるとすぐ帰郷するのが一般的であった。その数は多くにのぼり、政府の許可を貰って帰った者もいる。年季奉公人の多くは苛酷な待遇の結果、逃亡し、恐怖のために多くは主人のもとに帰るより、他のいかなるところにでも、たとえ再び奴隷になるところにでも歩いて行く。……

さらに、時を経て、三二年一月一八日付け植民地通達にも「故郷を愛する自然の情からであれ、〔植民地での〕虐待からであれ、アフリカ人が自発的に生まれ故郷に帰ったこと」は数多くあったことが示唆されている。

しかし、この五年後の一八三七年の先住民委員会での質疑応答の中には帰郷をめぐる考えが一変していることを示す箇所がある。ここで統治者側は、帰郷を黙認ないし許可する姿勢を変えて、故郷を奴隷制が残存する危険な所と見なし、それと比較した一種の文明の聖域としてのこの植民地の「親切な待遇」や「格別の快適さ」をうたって、シエラレオネに居続けることの利益を主張するに至っている。

ナイジェリアへの帰郷、西インド諸島への移送

近隣部族を出自とするアフリカ人には帰郷した者がいたといえるが、もっと遠くからやってきた黒人の場合はどうか。より遠隔地への帰郷はまれであったことは確かである。たとえば、再捕獲奴隷の三分の二を占めた南部ナイジェリアのヨルバ人は、多くシエラレオネにとどまった。しかし、一八三八年ないし三九年にはナイジェリアへの民間の組織的な移民が始まったが、政府はこれに好意的ではなかった。次いで四一年には、今度は政府主導の西インド諸島移民が開始された。ここで移民には、ナイジェリアと西インド諸島の二方向があったことを確認しておこう。

ドハーティ総督は、陸軍・植民地相ジョン・ラッセル卿宛ての一八四〇年三月二〇日付けの通達で「現在フリータウンでも村落でも解放アフリカ人の間に、この植民地から南方や東方の彼らの故郷に向けて移民をする傾向がかなり広範にひろがり、かつ増大している。少し前には一四人と二〇人からなる一団がベニン湾のバダグリに向けて旅立った」と報告した。

次いで、バダグリからさらに数百マイル奥に入った故郷の家を捜し当てるための船を購入するために基金を積み立てているヨルバ人やハウサ人が二〇〇人はいることに触れ、彼らの出発に当たっては成人男子にのみ許可を与え、再度奴隷貿易商の餌食になってしまう恐れのある子供やそのような子供

を持つ両親には許可を与えないこととしたこと、解放アフリカ人の強い帰郷の意志とシエラレオネにいても収入増大の見込みがないことなどの理由をラッセルに伝えた。

西インド諸島行きについては、この後、驚いたことに、解放アフリカ人のみならず彼らに先行してシエラレオネに移住していたマルーン人やノヴァスコシア人すらも、ナイジェリアではなく、西インド諸島への移民を希望していることに触れ、重ねて指示を仰いでいる。

ラッセルの一八四〇年六月一七日付けの返事は、「貴殿は正当にも子供を連れてこの植民地を「ナイジェリアに向けて」離脱する解放アフリカ人の企図を挫折させたと思う。ジャマイカ、トリニダード、英領ギアナへの移民を許可するのはごく当然の処置である」として、二方向の移民のうち西インド諸島行きには寛大で、ナイジェリア行きには禁止的な態度を取るのである。しかし、ナイジェリア行きを停止させるのは容易ではなく、一八四二年、四四年、四九年の各年にもナイジェリア行き移民が試みられ、四九年の奴隷貿易委員会では海軍所属の証言者が「かつてシエラレオネに住んでいた多くの奴隷がそこ［ナイジェリアのラゴス近くのバダグリ］に行って住み着いた」と証言している。

一方、西インド諸島移民の輸送費は、一部は西インド諸島植民地政府、一部は本国が負担した。また、西インド諸島における高賃金の期待、豊富な仕事、強制労働の絶無、医療の充実などの宣伝に誘われて移民の数は増えた。これにラッセルの次のような強硬策が拍車をかけた。すなわち、再捕獲した黒人のすべてをシエラレオネで養うことは不可能なので、上陸したアフリカ人は三ヵ月の救済金支給期間を過ぎると、当地で自活するか、西インド諸島移民同意書に署名するか、植民地を離脱するかの三つの選択肢しかないことを示した。

そして、一八四四年には救済金支給による生存維持期間は廃止され、移民のために必要とされるシエラレオネでの滞在期間はほんの一週間に短縮される。最終的に、四七年にはシエラレオネにまったく上陸しないで、直接に英領西インド諸島に再捕獲奴隷を送り込む案すら示唆された。ラッセル内閣の発足で陸軍・植民地相に就いていたヘンリー・グレイもこれにはまったく反対していないし、強制的移民の考えも容認された。しかし、これが実際どのくらい適用されたかは不明である。

故郷が西インド諸島のジャマイカであるマルーン人を帰すならともかく、大部分のアフリカ人をアフリカ各地の故郷に帰すことには禁止的な措置を取り、なぜあえて西インド諸島に送り込もうとしたのか。これでは、海上で再捕獲してあくまでシエラレオネで保護するとの奴隷貿易禁止法からは逸脱することになるとも見なされる。この奴隷貿易の禁止後に隠れるように存在していたイギリス政府主導による、公然たるアフリカ人の西インド諸島移民にはむろん理由があった。

文明の階梯

それは端的に言う「文明の階梯」論であり、一八三〇年代後半の先住民委員会での質疑応答にみられた、文明の遅れた故郷に帰ることより、シエラレオネ植民地に留まってより進んだ文明の習慣を選択せよ、との論理である。この文明の階梯論は、四一年のラッセルの移民を説いた通達にもよく表れている。

アフリカと西インドとの恒常的な交流の設立は、英領西インド諸島に繁栄をもたらすばかりか、アフリカの文明のためにも資するところがあると思う。新しい時代がアフリカ人のためにやって来た。西インドに八〇万人のニグロがいて、そのうち四分の三はクリスチャンで、実質的な自由、教育の手段、肉体上の慰みをかなり享受している。これに相応した社会状態はアフリカのどこを探しても見当たらない。ハイチでは極めて低水準の統治と文明しかないし、キューバ、ブラジル、合衆国には奴隷制があり、アフリカには奴隷制、人身御供（ひとみごくう）、もっとも愚劣な迷信があるばかりである。われわれはこの一〇年間素晴らしい実験をして成功を収めた。しかしその成果はいまだ十分とはいえない。

ラッセルが同時代のイギリス人と共有した文明の階梯論は、まず最底辺に、再捕獲奴隷の源郷たるアフリカのナイジェリアを中心にセネガルからコンゴまでの地域、時には東アフリカのマラウィ湖にまでおよぶ奥地があり[30]、この上に新世界のイギリス領以外の地域が位置し、さらにアフリカにあっても文明の洗礼に浴したシエラレオネが、その上に進歩したイギリス領西インド諸島が続くというわけである。近隣部族出身であれ、遠隔地出身であれ「野蛮な」故郷への帰郷を禁じたのは以上の思考に由来したものであった。似たことは一八四二年の報告書にも見える。

最も疑念の余地のない資料からわれわれは以下のことに疑問をもちえない。すなわち奴隷船の緊縛から救出されたばかりの、故郷を喪失したニグロであれ、わが植民地にやって来て、この上もなく激しい労働をして得たわずかばかりの金銭をもって野蛮な故郷に帰る無知で非文明的なアフリカ人であれ、かかる〔西インド諸島への〕移住こそ最高の恵みであり、最大の好機である。

これに対し、当の解放アフリカ人はどう考えていたか。一八四四年六月二二日の反奴隷制会議での元総督キャンベルの証言から、貴重なアフリカ人の声を間接的ながら聞くことができる。キャンベルは「三ヵ月間にわたり一日一ペニーの援助金をもらって、村に住み、それが終われば自活を余儀なくされた」解放アフリカ人がその後「自発的に割り当て地を離れて奴隷制のもとに帰った何百人もの人」が住んでいる「その国の奥地を訪ねたときに会った」彼らに待っていた結果について報告した。キャンベルが彼らにシエラレオネに帰って来るかと聞いたところ「以前居たところ〔割り当て地〕には居着かない」と答えた。「その理由を尋ねると、彼らが答えるには〔あそこには〕食べ物も妻もいなかった。ここでは二つとも手に入れたし、他に望むのなら何でも手に入れたという」。

イギリス側は、せっかく自由にしてやったアフリカ人を再び奴隷制に戻すのをきわめて恐れて、疑似故郷の「最高の恵み」を宣伝する。「自由」と「奴隷制」、「文明」と「野蛮」とを截然（せつぜん）と分け、いずれも前者の優位を信じて疑わない彼らの思考にとって、ここで述べられている植民地離脱の理由は、あるいは理解しがたいものであったかもしれない。「食べ物」「妻」の「二つとも手に入れた」ことは、総督の目には、結局奴隷制と野蛮に戻るだけで自由や文明には浴さないことになる、何という愚かなことと映ったに違いないので、記録にとどめられたと思われる。

これは「他に望むのなら何でも手に入れた」との発言と併せて、シエラレオネの割り当て地には帰りたくない逃亡者の率直な表現ともいえよう。すなわち、与えられただけの名目的な「自由」のもとでの自活の困難と苛酷な生活という現実に耐えるより、むしろ「奴隷制」のもとにあってもよいというのは実利主義的な離脱理由である。これは、前述の一八一〇年代の史料の一つに現れた「たとえ再び奴隷になるところにでも歩いて行く」との発言と併せて、自己を回復したアフリカ人のいう説得的な理由である。

「近隣部族」の奴隷制のもとに歩いて帰るのではなく、縁もゆかりもないはるか遠い西インド諸島に行く方について、解放アフリカ人がどう思っていたかについての考えも十分に知ることはできない。ただ移民を拒否する意志を伝える史料はあるし、西インド諸島に一度は行ってもシエラレオネ、あるいは故郷への帰還すら記す証拠もあり、全部が全部西インド諸島に行くことに同意し、永住したわけではないことは言えよう。以上より確認すべきは、歩いて行ける近隣の村への離脱であれ、はるか遠隔地の西インド諸島への移送であれ、ごく少数ながら、再捕獲から文明に至るコースへの反抗の意図を示した例があったことである。

最後に数を確認しておこう。議会報告書によれば、一八四九年から五〇年までにシエラレオネに連れてこられた再捕獲アフリカ人五二〇五人のうち、三八五二人が西インド諸島移民となった。実に七四%にのぼっている。残りも確認しておけば、軍隊に登録された者が一九一人、逃亡した者三二人、死んだ者三六一人、移民ないし軍隊登録を拒否して留まった者六二四人、その他一二月三一日まで留まっている者一六三人となっている。

当該時期の当地域の人口統計は信憑性を欠き、矛盾さえしていることを断りつつ、歴史家たちは全体的な西インド諸島移民数を推計している。これを確認しておけば、一八四一年から五〇年までに一万二八二六人、一八五一年から五三年までには一二二九人である。この西インド諸島への移民の成否は、上陸したばかりで生活手段がみつからない黒人をすぐさま送り込む迅速さに依存していたために、再捕獲奴隷の絶対数が激減する一八五二年あたりで事実上は終わりを告げる。一八六〇年から六三年までには八六八人となる。一八四一年から七二年までの総計は、一万四八九四人にのぼっている。

この西インド諸島移民は、一八四〇年以降にシエラレオネに上陸した再捕獲奴隷のその後の運命を少なからず変えたと言いうる。そして、需要側の新世界の奴隷制そのものが廃止されて、奴隷貿易も終結に向かい、イギリス人道主義の誉れであるこの再捕獲奴隷もその意義を失う。

4　本国での黒人の発掘と再発掘

消滅した黒人？

ここでシエラレオネからイギリス本国にまた立ち戻ってみよう。奴隷貿易と奴隷制廃止後の一九世紀のイギリス本国にいた黒人の人口は無視しうるほど少なくなっていたというのが定説であり、在英黒人史研究の草創期の歴史家たちは以下のように語った。

奴隷制の終結はイギリスの黒人史の特別な時期を終わらせた。西インド諸島のプランテーションの崩壊、砂糖産業の衰退等によって、イギリスは旧奴隷植民地での利益を失った。一八〇七年以後、所有者に伴ってイギリスに来ていた奴隷の移民はもはや合法的ではなくなった。

一八世紀末にはいまだ一万人ほどの黒人がいたが、一九世紀には西インド諸島や北アメリカからの細々とした流入では人口が増えることはなくなった。男性の在英黒人は結婚して、その子供たちはいまや白人となり、白人人口に吸収されてしまい、アフリカ人の血や祖先を示すものをいっさい持たなくなった。一八五〇年までには純粋な黒人はほとんど存在しなくなってしまっていた。黒人社会がイングランドで再形成されるのは二〇世紀の第一次世界大戦の苦闘を待たなければならなかった。[31]

しかし、一九世紀の黒人人口の減少とそれに伴う黒人社会の急速な解体は事実にしても、それは「消失」したというより、気づかれないまま注目もされないまま「衆目から外れてしまった」というのが適切ではないか、イギリスの都市生活を描写する執筆者も黒人について記述しなくなり、諸記録は彼らについて沈黙しただけではなかったか、との疑問が出されるようにもなった。[32]

一九世紀には黒人が存在しなくなったとか沈黙させられていた、などといわれた研究状況を破ろうとする今日の歴史家たちの尽力により、ヴィクトリア朝期から第一次世界大戦期までの黒人の存在が多様なアプローチにより発掘されている。黒人人口はわずかとなったが、それでも完全に消滅したわけではなく、ロンドンとひとつかみの港湾都市に集中しながら存続していたことも分かってきている。

まず、絵画や写真といった表象の領域で、一九世紀間の多様な絵画に描かれたり、病院や刑務所で写真に写されたりしていた黒人を解明した編著が出現した。[33]

ついで、多種多様な史料から、音楽・表象・言説などを扱う文化史、見世物とその登場人物や出し物を扱う芸能史、ロンドン以外の地域を扱う地方史などの領域で、いなかったはずの黒人たちを発掘ないし再発掘した編著も出版された。[34]具体的には以下である。

両親が争いの中で殺され捕虜とされた少女で、一八五〇年にダホメのゲゾ王からヴィクトリア女王に送られた黒人の「娘」サラ・フォーブズ・ボネッタ、黒人のサーカス座長パブロ・ファンク、作曲家サミュエル・コールリッジ＝テイラー、ロンドン近郊のケント州にいたヴィクトリア朝期アフリカ人、異なる人種の両親をもつジャマイカの女性でクリミア戦争に看護師として携わったメアリー・シーコール、一八九五年にアフリカ・ボツワナから王室を訪問した三名の現地王、ヴィクトリア朝中期の少年雑誌におけるアフリカの表象、一九〇〇年の汎アフリカ会議、ヴィクトリア朝期の人種の言説などである。

以上のうち、ボネッタについては、日本でも研究がなされ評伝の邦訳が出版されているし[35]、シーコールの自伝の邦訳も出版されている[36]。また、王室へのアフリカからの訪問者としては一八四八年の謁

サラ・フォーブズ・ボネッタ。1856年。Jan Marsh, ed., *Black Victorians: Black People in British Art 1800-1900,* Lund Humphries Pub Ltd, 2005,p.86.

メアリー・シーコール。1869年。Marsh, ed., *Black Victorians,* p.105.

サミュエル・アジェイ・クロウサー主教。1888年。デイヴィッド・エルティス、デイヴィッド・リチャードソン『環大西洋奴隷貿易歴史地図』増井志津代訳、東洋書林、2012年、288頁

見時にヴィクトリア女王から聖書を贈られるアベオクタ王サブアを描いた絵画と、その子で一九〇四年に渡英してエドワード七世に謁見したアベオクタ王バデボを活写した研究もある。[37] さらに、海軍の奴隷貿易取締船に拿捕されてシエラレオネに連れてこられた解放アフリカ人の一人で、西アフリカで活発な布教活動をした宣教師サミュエル・アジェイ・クロウサー（およそ一八〇九〜一八九一年）は、一八二六年、四二年とイギリスを訪れ、その後にオックスフォードから名誉博士号も授与され、ヴィクトリア女王と謁見した際に自身の翻訳したヨルバ語聖書をもとに祈禱をしている。[38]

王室以外への訪問者としては、奴隷貿易と奴隷制の廃止の後も連綿としたコネクションがあったシエラレオネから学生が留学に来て、医者や軍人になった人びとがいた。一八五〇年代末にイギリス陸軍の医療将校に任命されたJ・A・ホートン（一八三五〜一八八三年）も、フリータウンに上陸した奴隷船から解放された解放アフリカ人で、後にノヴァスコシア人移民の子孫である女性と結婚した、イグボ人の息子であった。[39]

一八四〇年代から六〇年代までには、アメリカ合衆国からの多くの訪問者がいた。とりわけ、奴隷制廃止運動中から廃止後のイギリス大衆が歓迎したのは、アメリカ系アフリカ人の奴隷制廃止運動家

たちだった。その代表的な人物モーゼス・ローパー、四角い箱（ボックス）に隠れて列車で逃亡したことにちなんだミドルネームを持ったヘンリ・「ボックス」・ブラウン、フレデリック・ダグラスらは、イングランド、スコットランド、アイルランドを巡回する講演会でアメリカでの奴隷としての生体験を語った。[40]

ショー、フィクションの中の黒人[41]

顔をすすなどで黒くした白人芸人＝フェイク黒人もアメリカからやってきた。劇場、サーカス、コンサートなどの今でいうショービジネスの世界では、顔をすすなどで黒く塗って黒人に扮したミンスレルショーの道化たちが街角や劇場で歌曲を歌い音楽を奏でるショーを各地で行い、これもイギリス大衆に大いに受けた。シェイクスピアの『オセロー』を演じる白人俳優が顔を黒く塗って演じてきた二五〇年の歴史があったこともその一因である。芸人のなかには、ロンドンの貧民やスコットランド人やウェールズ人のみならず、シェイクスピア俳優アイラ・オールドリッジをはじめ真正のアメリカ黒人もいた。その一部の人びとをあの偉大な路上のルポライター、ヘンリ・メイヒューが記録していた。

アイラ・オールドリッジは、アメリカ黒人でシェイクスピア『オセロー』俳優でもあった。1853年。Marsh, ed., *Black Victorians*, p.87.

イギリスの人びとは、実際の黒人ばかりではなく、フィクションに出てくる黒人奴隷とも出会った。ストウ夫人の『アンクル・トムの小屋』である。[42] このアメリカ奴隷の苦難と逃亡の物語は、一八五二年三月から翌年の末までの間で、合衆国では三〇万部以上売れた。もっと驚くべきことに、同じ期間でイギリスとその帝国内では空前の一五〇万部売れた。イギリスだけでも、一八の出版社が四〇もの異本を出した。一八五三年にストウは夫のカルヴィンと連れだってイギリス旅行に出かけた。二人は『アンクル・トムの小屋』の宣伝に来て、その成功を大いに喜び、反奴隷制の大義を支持した。燃え盛っていた『アンクル・トムの小屋』の人気のたき火に、ストウのイギリス到着はさらに新しい燃料をつぎ足した。彼女はいくつかの反奴隷制の集会にも出席した。五〇万筆ものイギリス人女性の署名が載った請願も受け取った。そのタイトルは「姉妹であるアメリカ合衆国の女性に向けた、グレート・ブリテンとアイルランドの数千人もの女性の愛情深くキリスト教的な呼びかけ」とするものであった。この請願はイギリス女性の反奴隷制の大義への加担と『アンクル・トムの小屋』の著者の個人的名声をさらに強化した。

これは先に触れた奴隷制廃止運動の際と同様、有徳なイギリス人女性が、政治と国際関係という男性的な領域に迷い込んだと思われることなく、ストウへの支持とアメリカの奴隷制への反対表明を示すものだった。

日本の英文学者たちも一九世紀の黒人性に関するフィクションないしイマジネーションの世界に注目している。富山太佳夫は、類人猿的な相貌のアイルランド人がアフリカの黒人と並列化されたり、アイルランド人作家オスカー・ワイルドの顔が黒く描かれて黒人として表象されたりしている図像の分析から「黒人とサルとアイルランド人をつなぐ系譜学」を検証している。[43] 吉本和広は、奴隷さながらの首輪と革ひもを付けた写真を残した女性労働者、仕事の汚れにまみれて黒くなった女性炭鉱労働者、顔と手を黒く塗って黒人に仮装した女性大道芸人などの分析から黒人の隠喩、イメージ、表象などの多様なありようを見出している。[44]

さらにイギリスの大衆は、フィクションやイマジネーションを通じてばかりか経済的物質的にも膨大な数のアメリカの黒人と関わっていた。イギリスの産業革命はアメリカで奴隷によって生産される綿花＝原綿という材料なくして生起し得なかったし、アメリカ南部のいわゆる「綿花の王国」はイギリスの綿製品の生産都市マンチェスターとは双生児だった。一度もイギリスの土を踏むことのない膨大な奴隷のいるアメリカ南部と、「コットン・ポリス」と呼ばれたマンチェスターは経済的な相互依存状態で共存していた。

一八六一年から六五年までの南北戦争期間中は、アメリカからの原綿の輸入が一挙に途絶えた時期であり、この間、原綿の最初の買い付けから加工、仕上げまでの全工程、綿産業関連に従事したおよそ四〇〇万人のイギリスの労働者は、綿産業に付随する取引業者や扶養家族も加えると全人口の五分の一にもなっていた。彼らは生産が停止されて仕事を失ったにもかかわらず、六二年のエイブラハム・リンカーンの奴隷解放宣言に続く翌年の北部側への支持の激増に示されるように、アメリカ、およびアメリカの四〇〇万人の奴隷とのつながりを認識した。この奴隷とは、南北戦争前夜のアメリカ経済全体の中でもっとも価値のある商品としてのアフリカ人である。

科学的人種主義

これも目のあたりにしたものではなく、あくまで直接には見えない言説のなかの世界ではあったが、黒い肌の色をした人間をめぐる言説としての「科学的人種主義」があった。奴隷制廃止における愛国的矜持や持続する反奴隷制感情は、イギリスの政治や文化の面でのアイデンティティーの決定的な要素であり続けたが、一九世紀の半ばまでに勢いを失っていき、代わりにこれらの矜持や感情に対する声高な誹謗中傷者の一群がますます増加して目につくようになっていく。その一つが新しくきわめて悪意に満ちた傾向を持つ、この科学的人種主義である。

人種多元論と骨相学、はたまた頭蓋計測学なるものに基づくとして「科学」の様相を呈した、この新しい人種主義の最初の使徒は、一九世紀半ばに多大な影響力を持った人物で、批評家にして随筆家のトマス・カーライルであった。カーライルに関しては、日本ではその著書『英雄崇拝論』や『衣服哲学』については論じられたり、夏目漱石が留学中にカーライル記念館を訪ねたりしたことで知られてはいても、この側面ではほぼ知られていない。

一八四九年に匿名で雑誌論文として「ニグロ論」、五三年には実名でしかも冊子体として『ニガー論』を発表した。ニガー（nigger）とは、これも『オックスフォード英語辞典』では、黒人を指す標準語であるニグロと比べても、英語でももっとも物議を醸す言葉の一つで、ほとんどの脈絡の中で侮蔑語ないし禁忌語と見なされる言葉である。匿名から実名へ、ニグロからニガーへと変えることにより、カーライルは黒人へのより侮蔑的な態度を強めたといえる。

その中では、奴隷制廃止論者クラークソンや「奴隷制廃止論者の中にいるアフリカ人の同盟者」を批判し、アフリカ人がもともと備えていた性質を怠惰と断じて人種的劣等性を主張し、「白人がお前〔アフリカ人〕よりも賢明に生まれついているとすれば、（このことを疑う人はだれもいない）、お前は白人の下僕（しもべ）にならなければならない」と説いた。[45]

一八六〇年代にロンドン人類学協会の会長として、この科学的人種主義の指導者となっていくのは、言語障害の治療を専門とする医師のジェームズ・ハントであった。ハントも奴隷制廃止論に敵対して、「ニグロは知的にヨーロッパ人より劣る」「ヨーロッパ文明はニグロの要求や性格に適合しない」[46]と主張した。

科学的人種主義はハントを指導者として、言説にとどまらず社会的および政治的影響力を持っていく。現に人類学協会は政治的役割を果たすこともあった。一八六五年、四五〇〇マイル以上離れたジャマイカで数千人にのぼる失業と、捨てられた農園と空き地になった農場への無断居住で告訴された者の立ち退き問題を契機に、黒人が蜂起した。モラント湾反乱である。

ジャマイカのエドワード・ジョン・エア総督は戒厳令を敷いて、六週間にわたって殺害と破壊に走って鎮圧した。それは、一九世紀半ばの規準から見ても残酷なものだった。数百人もの人びとが殺害され死刑執行され、少なくとも一〇〇〇軒の家屋が破壊された。その対応は明らかに過剰なものだったし、イギリスを憤慨させ、この国の文化的知的エリートを二つの敵対する陣営に走らせ、国内の世論も真っ二つに分かれた。[47]

ロンドン人類学協会は結集して、協会の会員のひとりでもあったエア総督側に立つ会員たちの後ろ盾となった。六五年一二月に解任された前総督を支持した人びとはエア擁護委員会を組織し、カーライルはこの運動を必然的に率いることとなった。また六六年の同協会年次総会でハントは「われわれ人類学者はエア前総督の行為を畏敬の念を持って見るものであり、氏の行為こそイングランドが正しく誇りとすべき、そしていつの日か誇りとするはずの人物の行為として見てきた」と発言した。[48]

これらに対しては同時代に黒人側からすでに批判があった。先に触れたシエラレオネの解放アフリカ人ホートンは西アフリカで医務官として勤務した経験に基づいて四冊の医学書を著したが、むしろ彼の最大の政治書である『西アフリカの国ぐにと人びと』の方が人びとの記憶にとどめられている。ホートンは自身のこの傑作をアフリカ人種の利益に有害となる「教義や声明の多くが誤りであることを証明する」「試み」と書いている。[49] ただ、このヴィクトリア朝期の疑似科学的人種主義への雄弁な非難は忘れ去られた古典となっている。

ともあれハントの科学的人種主義は、イングリッシュ・ジェントルマンの人種的優越性の感覚を強化した。専門職にあり教育を受けた階級が、人種に関して最終的に前提としたのは、自分たちが文明人であること、イングランドで自分たちは啓蒙されたインテリであるとの自己認識であった。世界とイングランドの大衆の愚かしさと野蛮さを見下ろし、上に立つ有能な啓蒙された少数者としての自己意識を満足させる方法として、彼らが求めたのは、地位と人種のプライドであった。科学的人種主義は、それが宣言した観念のゆえに重要なのではなく、それが表現した社会と政治の底流にあるもののゆえに重要であった。ヴィクトリア朝中期に影響力のあった、せいぜい一万人の少数者はこの流れの中で、もっと確固たる人種観の採用を指示されたのである。

黒人とは何かを科学的に追求することに関心を持ったジェントルマンはアングロ・サクソンと白い

肌という自らの自己意識に突き当たった。ロンドン人類学協会会員が黒人を科学的に規定する試みをしながら、イングリッシュ、アングロ・サクソンとして世界の中で優位であるとの自己認識は、白人がその人種的アイデンティティーを問わざるを得ない状況に自らを追い込んだ、他者である黒人を通した自己認識である。

五五〇〇万人の植民地臣民[50]

一九世紀末のいわゆる帝国主義の段階には、イギリスの黒人人口はおそらく一六世紀以降もっとも少なくなっていたと思われる。しかし、アフリカ全土に目を転じると、アフリカ分割に勝利を収めたイギリスは、アフリカ大陸の一割がヨーロッパの統制下にあって九割がアフリカ人の支配下にあった一八七〇年から、エチオピアとリベリアをのぞきヨーロッパの猛攻に屈して分割され尽くした一九〇〇年までの三〇年間で、アフリカ人の三人に一人を自らの植民地臣民とした。つまり、イギリス国王に仕える人びとである。その数五五〇〇万人で当時のイギリス本国＝連合王国の全人口を超えていた。

この時期、ごくわずかとなった、ロンドンと港湾都市に集中していたイギリス本国内のひとつかみの黒人人口は、主に西インド諸島、アメリカ合衆国、シエラレオネから来た人びとからなっており、アフリカ内陸部から来るエキゾティックな部族との関係はいっさいなかった。そうした部族の人びとの多くは見世物となって舞台に上がらされていた。

もっとも初期のアフリカ人の「展示」で、一番悪名が高いのは、アフリカ南部のコイコイ人女性で、一七八九年に東ケープ州で生まれ一八一〇年にイギリスに連れてこられ、裸体での非人道的な見世物となり「ホッテントット・ヴィーナス」として知られることとなったサーキ・バートマンであろう。[51]

しかし、一九世紀末になると個々の見世物よりもはるかに大規模の展示が催された。一八五一年のクリスタル・パレスでの大博覧会は一八七〇年以降の「国際博覧会」「世界展示会」「展覧会」の時代の出現を告げていた。国際博覧会の時代はアフリカの分割と同時期で、国際博の主催者は喜んで帝国の大プロジェクトを推進し実行した。

新たに征服されたアフリカの人びとがこうした大衆向けの見世物という文化に引きずり込まれていくのは、おそらく避けがたいものがあった。会場で「野蛮」と見なされたアフリカの人びとの一団にすみかを提供した帝国パヴィリオンや「現地人村」は、展示物の中でもほとんどの人びとが期待する呼び物となった。一九世紀末から二〇世紀初頭にかけて数百万人ものイギリス人が訪ねてきては、人生で初めてアフリカの人びととこうした状況下で接触した。田園地帯や小さな町からやってきた訪問者にとって、展示されたアフリカ人は多くの場合、彼らが遭遇した最初の黒人であった。

第 5 章

世界大戦下の黒人臣民と黒人米兵

20 世紀前半

Chapter 5

Black Subjects and American Black Soldiers during the Two World Wars

1　第一次世界大戦下の黒人臣民

二〇世紀前半に起きた二つの世界大戦は、否応なしに地球上のほぼすべての人びとを直接、間接に戦争に巻き込んだ。誰もがグローバルな世界を舞台に戦争を遂行する国家と向き合うことになった。それは周辺におかれたイギリス内外の黒人も例外ではなく、二つの世界大戦に参加させられ、また参加した。

在英黒人の入隊

第一次世界大戦前夜のイギリスで、国内で生まれていた黒人の人口はきわめて少なく、その数はおそらくほんの数千人程度で、奴隷化されたアフリカ人の従僕が絶えず到着していたためにつねに更新されていた一八世紀の黒人人口と比べればごくわずかにとどまった。その内訳は推定すら難しいが、大ざっぱには、まずは主としてロンドンに住む一握りの中流階級の黒人がいて、その多くはシエラレオネとのつながりがあった。残りの多くはリヴァプール、カーディフ、ロンドンにいたアフリカ人と西インド諸島からの移民（ここでは西インド諸島人と呼ぶ）の船員だった。最後に、その他の場所における中小規模の集団、数は不明ながら気がつくとイギリスにいてそのまま住み着いた個々人を祖先とする黒人とその人種混合の家族がいた。[1]

一九一四年八月、イギリスは新たな志願兵を加えた小規模な常備軍で第一次世界大戦に突入した。「短期戦」になるとの見込みはすぐさま消え去り、徴兵軍には強い反対があったものの、一六年一月までに当局は最初の軍務法を制定し、徴兵制が開始された。戦争の開始とともに、戦前からいたイギリス生まれの黒人の入隊をめぐる問題が生じた。戦争中、公式には志願兵軍にしろ徴兵軍にしろ黒人の入隊は拒否された。陸軍評議会が在英黒人と植民地の黒人が陸軍兵士として入隊を認められることに躊躇しながらもついに同意したのはようやく一八年の半ばになってからであった。

しかし、これは実際にあちこちの徴兵事務所の現場で起こったこととは別な話だった。戦争期間を通じて、入隊を希望した黒人の多くは肌の色のために拒否されたが、少数の黒人は入隊に成功していたのである。志願者を受け入れるかどうかは、個々の徴兵事務官の判断にかかっていた。一九一四年から一八年までの間に、黒人のイギリス陸軍への入隊を認めなかった徴兵事務官がいた一方で、明らかに人種の問題を度外視した事務官もいた。最低身長以下の大人や未成年の少年を受け入れた徴兵官がいたように、人種は兵役には何ら障害とすべきではないと信じていた徴兵官もいたのである。

それに、ある者の入隊が受諾されるか否かは、肌の色ないし徴兵事務官や面接事務所による解釈のされ方しだいだった。必要最低限の審査規準となるのは見た目の肌の色だけで、その人間が有色人かどうか、あるいは有色の度合いによった。漆黒の肌よりも薄い色の肌を持つインド系の方が採用された例のように、肌の色の濃淡が考慮に入れられたが、色合いの明確で正式な基準がないために徴兵事務官の主観に委ねられる傾向があった。[2]

混乱があったものの、結局、在英黒人の中には、彼らの受け入れのために特別に編制されていた王立工兵隊（有色人部門）に入った者の他に、通常の連隊に入り、白人の新兵とともに訓練を受けて戦った者もいた。西部戦線で戦った在英黒人でもっとも著名なのは、プロのサッカー選手ウォルター・

タル（一八八八〜一九一八年）である。彼は、バルバドスのプランテーションを離れた奴隷の三代目、すなわち、奴隷の息子の人種混合の子供であった。一九一四年、ロンドンのホルボーンにある陸軍徴兵事務所に出願してミドルセックス連隊に加入し、フランスに派遣された。一四年の『軍事法取扱』は、「在留外国人（エイリアン）」と規定される者が「指揮や権力を実際に行使すること」を禁止しており、この在留外国人に彼のような有色人も含まれたことが確実とすれば、将校になって部下を指揮することは不可能だったはずだが、一七年に将校にまでなった。その後、タル少尉はイタリア前線作戦に参加して戦死し戦功十字勲章に推薦された。[3]

第一次世界大戦開始時での白人のイギリス人兵士はどうだったろうか。一九一四年から一五年にかけて兵役に志願した数千人ものイギリス人兵士は、低体重、虚弱にして一般に不健康であった。彼らの多くは工業都市の湿った長屋式家屋を喜んで離れた者たちで、世代を通じた低栄養の跡が身体にしみこんでおり、二〇世紀初頭のイギリスで最貧困の都市コミュニティーを疲弊させたさまざまな疾病や疾患にかかっていた。

ある医務官は回顧録で「驚くほど多数の兵士の薄くてゆがんだ胸、その他の形態異常や欠陥は、いざ戦場で戦う要件を満たすには不適合である」と嘆いた。[4] しかもこの医務官は兵役検査に合格した兵士にしか言及していなかった。恐れおののくほど多くのイギリスの新兵志望者が徴兵事務所で実施された初歩的な身体検査で不合格となっていた。

西インド諸島の戦争熱[5]

ここでイギリス本国から帝国と帝国内の黒人に視点を転ずると、まずは帝国内でイギリス領西インド諸島の島々ほど熱狂して戦争の勃発を歓迎した地域はなかった。バハマ諸島、グレナダ、イギリス領ホンジュラス（今のベリーズ）、イギリス領ギアナ（今のガイアナ）、リーワード諸島、セントビンセント、セントルシア、バルバドス、トリニダード・トバゴ、それにジャマイカと、西インド諸島のほぼすべての地域で、迫り来る戦闘に貢献しなければならないとの意識が人びとの間に生じた。

一九一四年から一五年までに西インド諸島を席巻した戦争熱が昂じて、とくにジャマイカではキングストンや多くの中小の町で戦争を支持する公開の会合や野外集会が開催され、この島は愛国的で親帝国的な強い高揚感に包まれた。

フランスに従軍した西インド諸島兵。1916年。Adi, *The History*, p.30.

公開の会合でも新聞紙上でも、ジャマイカではイギリス帝国は道徳性と美徳の模範として提示された。一九一四年から一五年までには、地元の新聞や戦争支持の集会で、イギリス帝国は解放の帝国、正義や自由、はては平等のコモンウェルスとして繰り返し描かれた。一四年の愛国主義的なムードの中で、奴隷制廃止の記憶はいくども強調され、奴隷制の物語は一貫して覆い隠された。奴隷制、反乱、鎮圧といったジャマイカの恐ろしい歴史は当座は無視されて、奴隷の子孫たちは思いやりのある温情主義と人種上の平等からなる仮想のイギリス帝国の一員として自らを思い描くよう促されたのである。

戦闘が開始された直後から、戦場となったフランスまで赴いて戦う意志のある諸島人で編制されるイギリス軍の新たな連隊を結成するよう、植民地総督や大衆一般からの要請があった。戦争集会では非公式で自薦の採用任務にあたっていた軍曹が、若いジャマイカ人に国家の防衛のために身を挺するよう促し、かつて彼らの祖先を解放した帝国のために戦うよう呼びかけた。ある集会では、ジャマイカの地元軍を指揮した将官のブラックデン准将が、奴隷の孫か曽孫にあたる、聴衆である彼の部下に解放と自由のために戦う意志があるかどうかと問いかけた。[6]

一九一四年九月五日付けの『ジャマイカ・タイムズ』は、あるジャマイカの愛国者の手紙を掲載した。

私たちは勇敢な兵士として戦い、英雄として死すべきです。……ジャマイカ島の兵士よ、潔くあるべし。腰抜けの烙印だけは押されてはならない。勇敢であれ、毅然とせよ、決然とせよ、君が国を君が命の血で守る覚悟を持て。[7]

人びとのこうした傾向に対応して、西インド諸島の黒人は、先に触れたイギリス本国に大戦前からいた黒人のサッカー選手タルのように、徴兵事務所に出願して連隊に加入し、また将校となって白人のイギリス人部隊を率いて交戦し、さらには自国を離れて海外、たとえばフランスといったヨーロッパでヨーロッパ人の敵を相手に戦うことが許されただろうか。

まず戦争が開始してちょうど三週間後の一九一四年八月二八日、植民地省の官僚は陸軍省の同僚にイギリス領西インド諸島で徴募された分遣隊が海外で軍務につくことが許されるかどうかの可能性について検討するよう依頼した。陸軍省は、黒人の西インド諸島兵はヨーロッパの冬の寒さにさらされるとかじかんで動けなくなると示唆して、彼らの戦闘能力に疑問を付した。長年使われてきた「科学的な」理由だった。その後、彼ら黒人は西インド諸島の「島々内にとどまって、必要ならば秩序を維持した」方がより良い使い道となると回答した。[8] 陸軍省は、一四年末には、志願兵が西インド諸島からイギリス本国に旅してきても陸軍に歓迎されると信じ込んだりはしないよう植民地省に要求した。

戦闘が開始された直後から、イギリスとその帝国のオーストラリア、カナダ、ニュージーランド、南アフリカからなる白人自治領では、これは「白人の戦争」、すなわち非白人の臣民が排除されることになるヨーロッパでの白人間の戦闘になろうとの見解があった。陸軍省内とアフリカにいる白人入植者の間には、とくに南アフリカで白人の人種的な威信を揺るがし、植民地における白人入植者の安全を脅かすとの恐れがあったので、アフリカや西インド諸島の黒人は白人との戦闘は許されないとの決意があった。これは第一次世界大戦の始まる前からの数十年にわたり、植民地省の官僚が近代兵器を黒人臣民の手にはけっして渡さないよう腐心してきたことだった。

彼らは、白人男性の命はきわめて神聖なものであること、白人を戦闘で死に至らしめてはならないことを黒人臣民にしたたかに思い知らせた。帝国統治の非公式な規則では、黒人は植民地連隊に組織され、白人士官の指導と監視の下で、同じアフリカの黒人との戦闘のために使われる時に限って武装すると定められていた。

イギリス西インド諸島連隊

とはいえ植民地省では、黒人の西インド諸島連隊を編制する提案が拒否されたことは、深い憂慮と見なされた。たっての兵役の申し出を陸軍省が高圧的に却下したことは西インド諸島の愛国心に燃える人びとの強い怒りを買いかねなかった。これは長年にわたって延々と続く陸軍省と植民地省の間の論争の原因となった。

国王ジョージ五世は当初からこの問題に真剣な関心を寄せており、おそらく八方手を尽くして政策の転換を迫ったと思われる。現に一九一五年四月二二日に国王は陸軍省大臣キッチナー伯ホレイショ・ハーバート・キッチナーと会い、キッチナーは懇願されると、西インド諸島連隊の創設に支持を表明した。ただし、これには「同連隊を配備する場所に課された諸条件」がついていた。陸軍省と植民地省の間の論争はさらに続いたが、五月一九日に最終的に新しい西インド諸島連隊への承認が与えられた。

一〇月二六日の『ロンドン・ガゼット』の付録には西インド諸島の黒人の兵役が許される新しい連隊の編制についての通知状が折り込まれていた。これが、イギリス西インド諸島連隊（British West Indies Regiment: BWIR）として知られるようになるものである。前章の解放アフリカ人からなる西インド諸島連隊とは区別される。こちらのＢＷＩＲの創設を支持して躊躇する陸軍省をこの方向に促した人びとですら、黒人の志願兵が平等に扱われ白人兵とともに敵である白人に対してフランスで戦闘することを許すなどはいささかも意図していなかった。

植民地省は西インド諸島人志願兵を拒否すると植民地における士気が損なわれることを懸念してい

たが、上記のようにヨーロッパ内の戦闘は白人の戦争と見なしてもいて、帝国内の他の場所で軍務に就かせる西インド諸島人志願兵を構想していたのである。ＢＷＩＲを配備する場所に課された諸条件の一つが、ヨーロッパではなくこの帝国内の他の場所、たとえば「熱帯」の軍事作戦への参加だった。対立があったこの二つの政府部門もこの点ではまとまり、黒人は白人と戦い殺すことは許されなかったのである。

総じて、実質的には植民地省と共有されていた陸軍省の標準的な見解とは、黒人は帝国内の他の場所＝ヨーロッパ以外の熱帯に従軍するか植民地連隊に入隊するか、あるいは黒人は労働大隊＝非戦闘連隊に従軍し、武器弾薬工場や港湾労働に従事すべきというものであった。[9]

第一次世界大戦の間に、三九七人の将校と一万五二〇四人の兵士からなる一二個大隊のＢＷＩＲが徴募された。第一大隊はサセックスのシーフォード陸軍基地で、一九一五年一〇月に訓練を開始した。先に触れたように、もとからいた在英黒人は彼らの受け入れのために特別に編制されていた王立工兵隊（有色人部門）に入った者もいたが、中にはこのＢＷＩＲに配置されて、戦争期間中に同連隊に服した者もいた。

しかし圧倒的に多くの新兵は西インド諸島全域からやってきた。その大半の一万二八〇人（六七・六％）はジャマイカ人であった。[10] 全部で二万六六三七人のジャマイカ人兵士がこの新しい連隊の兵役に志願したが、一万三九四〇人は身体検査で不合格となった。これは二〇世紀初頭のこの島を疲弊させた困窮と貧困の証である。[11]

訓練をすべて終えると、当初のＢＷＩＲ大隊のうち四個大隊はエジプトに配備された。帝国内の他の場所とは、まずここエジプトであり、やはりヨーロッパではなかった。西インド諸島出身の兵士はイギリス出身の兵士よりも暑さに苦もなく耐えられるとの理由がまた持ち出された。ＢＷＩＲの部隊のエジプトと中東での軍務は終戦まで続き、パレスチナ作戦で戦った。ＢＷＩＲの機関銃班は一九一七年七月の一連のトルコ塹壕への攻撃に参戦した。

しかし、一二個大隊のうち第三大隊と第四大隊が一九一六年七月に、ついにヨーロッパの中、すなわちフランスに移動した。ソンムの戦いが開始されて、大量の戦死者が出始めていた頃である。その時、兵士は戦うつもりで到着したが、戦うどころか、彼らは白人のイギリス部隊とは隔離されて、名称までは「労働大隊」とはならなかったにしても事実上の労働大隊となった。地面を掘り、修理し、弾薬庫で働いた。不可欠な仕事ではあったが、遂行すべく訓練を受けた仕事ではなかったし望んでいた仕事でもなかった。ヨーロッパ内には来たものの、白人と戦う戦闘員にはなれなかった。これは黒人は労働者として、ないし他の後方支援任務に就かせるという政策に添うもので、軍司令官たちや政治家たちが西部戦線での戦争は白人の戦争だと決めつけ続けたからであった。

ＢＷＩＲの兵士は白人部隊から人種的な嘲りにもさらされた。あるトリニダード・トバゴ出身のＢＷＩＲ兵士は、自分と同僚が「キリスト教徒ともイギリス市民とも扱われず、われわれのことなど誰も気をとめなければ誰にも関心を持たれない、西インド諸島の黒んぼ（ニガーズ）とあしらわれた」と不平を述べた。[12] 低い給料、休暇の欠如、黒人将校の不在の他にも、人種的な嘲りを浴びる低い位置にいた西インド諸島の兵士を、人種のヒエラルキーの最底辺にとどめておこうとして膨大なエネルギーが費やされた。このヒエラルキーこそ、帝国の人種政治の広範な論理の中で想定されていたものであった。

一〇〇万人の黒人軍運動

イギリス軍の黒人兵には、ＢＷＩＲ部隊の他に、アフリカ人部隊もいた。深刻な人材不足に直面した時でさえ、イギリスは、同盟国フランスとは異なり、人種的な懸念を他の要因よりも優先し、西インド諸島人の場合と同様、ヨーロッパでの戦役へのアフリカ人の徴集を拒否した。後方支援の労働者＝非戦闘員としての任務に限定したのも西インド諸島人と同様だった。アフリカを出自とする潜在的な人材の巨大な供給源にもかかわらず、ヨーロッパの戦争、それも白人の戦争だと決めつけ続けた。戦闘の初期段階で自信たっぷりに表明されたこうした決めつけは、戦闘のすさまじい規模と残忍な性質が明らかになっていくにつれて、これに拘泥するのはむずかしくなり釈明も難くなっていった。

一九一五年に西部戦線の死者が激増していくにつれ、庶民院ではアフリカ分割中に起こったイギリス軍との交戦ゆえに、偉大な戦士としていまだ勇名を馳せており、記憶されていた南アフリカのズールー人の連隊の徴募とヨーロッパへの配備が提案された。陸軍省はこの提案を妨害した。同じ年、植民地相アンドリュー・ボナー・ローも秘密の覚書を書いて、以下のように結論づけた。アフリカ人を徴募すると戦後のアフリカのイギリス支配にあまりにも不気味な凶兆となる。これがとりわけ当てはまるのは南アフリカである。というのもそこには「規律ただしく訓練された黒人の大群がいるためにいやでも目立つ厄介ごとが生み出され、ひいては白人の優越性が深刻な脅威にさらされることになる」からである。[13]

一九一六年末までに、アフリカ人の潜在的な戦闘能力とアフリカ大陸からの兵士の徴募の曖昧な提案をめぐるこれまでの机上の思い入れは、緊急の政治論争に取って代わった。一六年七月一日から五ヵ月にわたるすさまじいソンムの戦いの間、戦闘に次ぐ戦闘で死傷者リストは参謀幕僚の想定や覚悟をはるかに超える長さとなった。戦闘が開始されたまさに最初の一日で、キッチナーの六万人もの熱心な志願兵が死傷者や行方不明者となった。ソンムの戦いはそれから一四〇日もの間、激しい戦闘が続くことになった。一五年にイギリス陸軍の兵士の多くを占めていた志願兵には大量の戦死者が出て、新たな徴集が求められた。

ただ差し迫った人材危機にもかかわらず、陸軍省も陸軍参謀総長も西部戦線での軍役にアフリカ人を徴募することをいまだ進んで考えようとはしていなかった。驚くほどのイギリス側の死者を目のあたりにして、イギリス陸軍へのアフリカ人の徴募どころかおそらく徴兵制が緊急の課題であり、国家の存亡の課題にすらなり得ると信じた人びとの声がふたたび聞かれるようになる。

イギリスでもっとも声高な意見は、アフリカ分割中にナイジェリアで軍務に服していたダーンリー・スチュアート゠スティーブンス少佐の記事「我が一〇〇万人の黒人軍」からあがった。彼はすぐにも二万人もの兵士を徴集できると述べ、北ナイジェリアには七〇万人以上もの勇敢な戦士がいると示唆した。[14] スチュアート゠スティーブンスの記事は言論にとどまらず「一〇〇万人の黒人軍」運動も引き起こした。その支持者にはセシル・ローズの盟友で名うての人種主義者でもあったハリー・ジョンソン、[15] また一九一七年七月からの一〇〇万人の黒人軍運動の議会キャンペーンを担った自由党の議員ジョサイア・ウェッジウッド、それに旧植民地兵士で未来の首相のウィンストン・チャーチルがいた。

とりわけウェッジウッドは、これは「手短に言えば、白人の全員が殺されないようにとの願いから」実行されるべきで「我が兵の死亡率を低下させるため、また地上に最上の人種を生き延びさせるためである」と驚くほど率直に述べた。要するに、黒人軍を大量に増大させるといっても、勇敢な戦士アフリカ人を矢面に立たせたり弾よけに使ったりすることによって「我が兵」の死亡者を少なくするためだった。

反対は多方面から出現した。まずは同僚に強く反対する多くの現役、退役の植民地将校からは、アフリカ人はヨーロッパの冬を耐えきれない、ないしおそらく乗り切れない、複雑な近代兵器を使う知的能力がないし現代の軍事戦略も理解できないとの主張が蒸し返された。もう一つの反対論は、南アフリカ連邦政府が一貫して繰り返した、白人の敵に立ち向かうために黒人兵を訓練することは長い目で見ると南アフリカの白人支配を脅かすことになるとの見解であった。[16]

一九一七年七月以降、南アフリカ連邦首相ヤン・スマッツは帝国戦時内閣の一員となり、その立場から一〇〇万人の黒人軍コンセプトを阻止できた。植民地省からの抵抗も不動だった。この反対の壁はあまりにも断固たるものだった。その結果、この戦争が最後の年に入ったことを示す兆候はなかった一九一八年五月、中東ないしアフリカに配置する西アフリカ軍旅団の編制に同意した省庁間会議は「ただしヨーロッパでの対ドイツ軍との戦闘を除く」との条項を加えたのである。[17]

2　第一次世界大戦の終結

戦勝パレードからの締め出し

ヴェルサイユ条約が締結されたひと月後の一九一九年七月一九日土曜日朝、公式の戦勝パレードがロンドンで開催された。このパレードは公式の祝賀会全体の中でももっとも重要な儀式であり、ロンドンはこれに合わせて垂れ布と勝利した同盟国の国旗で飾り立てられた。パレードに参加するために選ばれた同盟国の連隊が行進して、ホワイトホールに建てられた慰霊碑セノタフの前を通る時、亡くなった戦友、イギリスと帝国内のおよそ一〇〇万人を追悼して敬礼した。パレードには、一万五〇〇〇人の陸海空の兵士が参加した。イギリスの隊列の中にはカナダ、オーストラリア、南アフリカ、インドの兵士がいた。

しかし、西インド諸島連隊は行進が許されなかった。東アフリカ作戦でドイツ軍と戦ったナイジェリア連隊を含め、黄金海岸連隊、西アフリカ辺境隊、国王アフリカ人ライフル隊などいかなるアフリカ人連隊も許されなかった。アフリカ人と西インド諸島人は五月三日に開催された自治領のためのもう一つの戦勝パレードからも締め出された。ナイジェリア連隊と他のアフリカ人連隊の賞賛すべき軍務と甚大な犠牲は、公式の祝賀会では想起されなかった。同じように輸送兵団で労役に就いた何十万人ものアフリカ人もおおむね忘れ去られた。[18]

戦争中に一〇〇万人の黒人軍運動の敵対者はヨーロッパの戦場への黒人の配置を阻止することにお

おおむね成功した。戦後になっても同様に、アフリカ人や西インド諸島人が戦争で果たした役割をこの戦争の記憶から抹消するよう決心したのも彼らだった。一九一九年夏までに、戦争で戦ったり労働に従事したアフリカと西インド諸島の黒人の記憶はすでに、公式の記録と人びとの記憶から消し去られつつあった。戦勝パレードは意図的で周到な忘却の過程の一部であった。[19]

九つの都市での暴動

戦争が終わる頃、おそらく二万人の黒人がイギリスに住んでいた。戦争前夜には数千人ほどしかいなかった人口規模に比べると格段に増大していた。その多くは港湾労働者として主要な港湾都市のリヴァプール、グラスゴー、カーディフ、ロンドンのイースト・エンドで見受けられた。しかし、ウェールズのバリー、ニューポート、イングランドのハル、マンチェスター、サウス・シールズにも居住集団があった。戦時期と戦後直後の時期はおそらく、在英黒人の過半数が首都以外に住んだイギリス史上はじめての時期であった。リヴァプールの黒人人口は戦争の終結時におよそ五〇〇〇人に達し、西アフリカからのかなり多くの人数とともに西インド諸島じゅうの出身者からなる、相当ばらばらな集団だった。

一九一九年までに増大した黒人人口の規模とその構成は、イギリスとアフリカ間の数世紀にわたる接触を反映していたばかりか、この国がひたすら耐えた先の戦争のグローバルな性質も反映していた。武器や弾薬、それに食糧を輸入したイギリスの生命線となった商船と敵の封鎖を強化していた船隊には、アフリカと西インド諸島を含む帝国じゅうからの船員が配置されていた。戦時期のイギリスに上陸した黒人水兵は、工場や港にふんだんにある仕事を発見して、新しい船に署名して入船するよりもここにいることに決めていた。[20]

戦争の終結は労働力の必要な緊急事態の終わりを告げた。平和が到来すると、労働市場には突然で深刻な競争が持ちこまれた。二〇〇万人の兵士、水兵、空軍兵が一九一八年一一月以後の数ヵ月でたちまち除隊させられた。膨大な数の白人労働者、それにほんの数ヵ月前まで自分たちの国のために命を危険にさらしていた元兵士は、突然の仕事不足と住宅不足から、母国から経済上の背信行為を受けたとの思いを強くした。

その中にはおそらくごく少数ながら、罪をかぶせる生け贄（いけにえ）を探していた者もいた。生け贄になったのは、戦争中に植民地当局、イギリス陸軍、王立海軍、商船、無数の私企業に雇用されていた黒人であった。戦闘が止むと、雇用主は労働者からも組合からも、彼らアフリカ人と西インド諸島人を解雇して除隊した白人に職を与えるよう要求が出された。戦争が終わって数週間もたたないうちに、戦争中に黒人水兵とともに戦っていた白人水兵は、雇用主に連中と一緒に働くことはできないと告げ始めた。船主と工場経営者は黒人を解雇することでこれに応えた。[21]

帰還兵や地元住民が、戦争中に著しく規模を拡大していたこの国の黒人人口、黒人コミュニティーに関心を向けるにつれて、九つの都市で暴動や暴力的な騒擾が起きた。一九一九年は、四年間にわたるすさまじい戦闘の後の平和の最初の年として歓迎されたが、平和とはほど遠い年だった。一九年の暴動では五人が殺害され、数百人が負傷し、およそ二五〇人が逮捕された。ほぼ全員がホステルに居住していた黒人だった。暴動はまずグラスゴー、サウス・シールズで起こり、ロンドン、ハル、ウェールズの港バリー、カーディフ、ニューポート、リヴァプール、マンチェスターにすさまじい速度で伝染するように広がった。[22]

ここで注目すべきはその経過よりも原因である。イギリスの港湾都市の数千人の人びとに黒人コミュニティーを攻撃するよう仕向けた要因は、複数あり錯綜もしているが、まずは、仕事の欠乏が深刻になっていたことは間違いない。黒人船員に対する白人船員の反発は、彼らが仕事の争奪戦の歓迎されざる相手と見なされていた単純な事実から来ていた。

一九年の暴動の背後にあった人種主義をあおったもう一つの鬱屈した恨みは、異人種間の交際と結婚への反発だった。リヴァプールやカーディフの騒擾を伝える新聞報道は、「黒人の男と白人の女の異人種間結婚」や「黒人の男と白人の女の肉体関係」が「はなはだしい反感をかき立てている」と報道したり、「白人女性と有色人男性間の性的な関係がわれわれの本性そのものに嫌悪感を抱かせるのは本能的に避けがたいことである」と論じたりした。[23]

異人種間の交際への敵意の底流にあったのは、アフリカ分割とヴィクトリア朝期の科学的人種主義の成長と広がりから出現していた、イギリスにおける深い人種的優越感であった。リヴァプールの街路を哨戒(しょうかい)した群衆にとって、黒人は部外者で人種的劣等者であり、したがって、仕事や住宅を求める列に並ぶにしても最後尾に並ぶべきであり、暴力的な襲撃を受ける格好の標的になって当然であるとされた。

とはいえ、攻撃の犠牲になった黒人の中には、フランス内部や大西洋部隊に参戦した古参兵もいたことに繰り返し言及した者もいた。一九一九年夏に白人群衆からの避難を余儀なくされてリヴァプールの留置場に入った七〇〇人の黒人のうち、およそ八〇人は兵役から最近除隊させられたばかりの兵士と水兵だった。[24] 攻撃した人びとは、黒人たちが兵役に志願して負傷や死の危険に身をさらしたことは認めず、もっぱら肌の色をイギリス人でもなければイギリス人にもなり得ないことの紛うかたなき証拠と見なした。

これらの暴動を大きな契機として、一九二〇年の部外者令および一九二五年の特別制限（有色の部外者船員）令が施行され、イギリス臣民を含む、イギリス居住のすべての船員は警察に登録して国籍を証明することが必要とされた。内務省部外者局の主導による、この立法は「イギリス内において国家が認容した人種差別が広く知らされた最初の事例」と記されてきた。[25]

一九二五年令によって警察権力は黒人がイギリスの港湾に上陸した時に、彼らを呼び止めて書類の提示を要求できるようになった。イギリス臣民としての地位を証明できない者や書類が警察によって不十分と見なされた者たちには、「在留外国人（エイリアン）」としての登録が要求された。一九二〇年代のカーディフでは、イギリス臣民としての地位を証明するすべてのもの、すなわち、パスポート、陸海軍の兵役からの除隊証明書、出生証明書を持った人びとすら、警察によって在留外国人としての登録を強制された。

両大戦間期のイギリスにおける、こうした制限や人種差別の広がりが意味するのは、ある狭い意味では、一九一九年に群衆が黒人から完全なイギリス臣民としての地位を剥奪する取り組みに成功したということだった。[26]

3　第二次世界大戦中の黒人米兵と黒人臣民

大挙する黒人米兵、植民地からの黒人兵

イギリスは一九一九年に深刻な人種暴力を経験して、一九二〇年代には「有色人水兵」を対象とした法律を通過させた。ところが、そのわずか二〇年後の第二次世界大戦中に、アメリカから来た黒人米兵を諸手を挙げて歓迎した。

一九四二年一月にイギリスがアメリカに打診したイギリスへの派兵の要請に応えて、最初のアメリカ兵（以下米兵と略）の一団が北アイルランドに到着した。戦争協力の一環として、ノルマンディーに共同で上陸するための訓練をイギリスで行うためであった。イギリスに到着した米兵の延べ人数は、四二年末までには二四万、四三年末までには九一万、四四年六月のノルマンディー上陸作戦の直前の同年五月のピーク時では一六〇万に達している。[27]

米兵の大多数は白人だったが、一九四二年五月には最初の黒人部隊もやって来た。黒人兵は総員に占める割合が終始一〇％ベースで派遣されていた。この割合は、アメリカ内の黒人市民権団体からの圧力への対応や、連合国軍がアメリカ軍に占めるアメリカ黒人の比率はアメリカの人口全体に占める黒人の比率になることに強く同意したことなどからだった。「最大一六万」とも推定されたが、実際はもう少し低く、ピーク時でも「一三万人」という数字が挙げられている。[28]

アメリカから黒人が兵士として大量に到着する直前、すなわち、第二次世界大戦前夜のイギリス本

国にいた黒人の数を推計するのは困難であるが、リヴァプール、カーディフ、ニューカッスルなどの港湾都市にいた非白人は、低く見積もって、約七〇〇〇人と推定されている。

これに新参者が加わっていく。黒人米兵は数としては圧倒的に多かったものの戦争中にイギリスに来た唯一の黒人の新参者ではなく、西インド諸島の植民地からもやって来た。戦争開始時には、政府は黒人組織や植民地側に譲歩して、第一次世界大戦期の政策を覆して、「純粋ヨーロッパ系でない」黒人もイギリス軍への軍務が許可されると公表した。黒人はまた将校選考への自薦や白人候補者と同等とされた基準に基づき判定されることも許可された。ただし、この政策は「目下の緊急事態」の期間中に限定するとされた[29]。

黒人植民地兵の数はかなり多くなっており、一九四二年までに、西インド諸島から一万人以上の男性と少数の女性が、志願兵として軍務に就くためにイギリスにやって来た。男性の多くはジャマイカ、トリニダード・トバゴ、英領ギアナ、その他のカリブ海諸島出身であり、主としてイギリス空軍の地上勤務に就いたが、一部パイロットや砲兵にもなった。

第一次世界大戦中とは異なり、黒人植民地臣民はヨーロッパの作戦舞台に熟達した戦闘員としての役割に配置され、単なる労働者ではなかった。その中には高度に熟達した特技兵がいて王立カナダ空軍で訓練を受けて参戦し、イギリスに配置された者もいた。イギリス空軍と王立カナダ空軍に入隊した一〇〇人以上の西インド諸島人は戦争中に勲章を授けられた。西インド諸島女性も、八〇人が女子補助空軍に、三〇人が補助地方義勇軍、別名女子国防予備軍に入隊した[30]。

他にも、約一〇〇〇人の西インド諸島人がボルトン、リヴァプールといったイングランド北西部の工場に電気工、機械工として働くために渡英した。さらに、一二〇〇人の英領ホンジュラス人がスコットランドで森林労働者として働くためにやって来た。[31]

彼らはイギリス帝国内からやって来た、れっきとした帝国臣民であり、戦時の直接的間接的な戦争協力者であった。しかしながら、アメリカから来た白人米兵と鉢合わせとなった彼らは、人種差別的な攻撃の対象になっていく。白人米兵が本国アメリカから直接、人種主義を持ち込んだことがその主因であるが、こうした持ち込みに対する、受け入れ先となったイギリス政府の対策に方向性が欠如し、かつ不決定だったこと、とりわけ、イギリス政府が白人米兵はイギリス黒人に尊敬の念を払うように、とアメリカの当局に言えなかったことも原因のひとつであった。その結果として、一九四二年以後に、イギリス黒人はアメリカの人種主義政策の犠牲になっていき、イギリス黒人への攻撃や差別という形として現れた。

早くも一九四二年春には二人の白人米海兵が西インド諸島人を襲撃し、一人はナイフで脅迫した。このような事件が起こると、植民地省はイギリス黒人とアメリカ黒人兵を区別するための目印となるバッジを考案し、イギリス黒人がこれを着けることを提案したが、結局これは採用されなかった。問題は消え去ろうとはせずにくすぶり続け、とりわけマージーサイドでは西インド諸島人が白人米兵のいやがらせ、襲撃を受け続けた。西インド諸島人は、アメリカからの圧力で娯楽施設への立ち入りを禁止された。[32]

こういった襲撃は、トリニダード・トバゴ人のクリケット選手で、著名人であったリアリ・コンスタンチンにも降りかかる。当時は労働省のために福祉担当官としても働いており、リヴァプールで就職した人々の世話をしていた。彼は政府宛てに、ダンス・ホールにいたところ、若い米兵から「白人とダンスをする許可は得ているのか」と尋ねられたこと、西インド諸島人が攻撃を受けた二件を報告して「私は長いこと、この国に暮らし、白人の中にもたくさんの友人を得ているし、その友人といるところを見られて、このように米兵に攻撃を受けたのか、と考えると身震いする」と述べて「危機が迫っていると思われるので、この状況について何らかの措置をして欲しく思う。それも緊急に[33]」と善後策を要請した。

コンスタンチンはその後、一九四三年七月にも、クリケットをしにロンドンに来て、ラッセル・スクエアのその名も「インペリアル・ホテル」に予約の上、宿泊しようとしたところ、支配人に断られるという事件に遭遇した。その理由は、黒人の存在は同ホテルに滞在するアメリカ人将校の迷惑になるというものであった。コンスタンチンは損害賠償の訴訟に持ち込んで勝訴した。さらにもう一件、四四年五月にもロンドンのパブで、アメリカの白人から受けた扱いに憤激して、労働省宛てに抗議している[34]。

しかし、コンスタンチンの訴えを受けた政府による米軍への対策要請などは何もなされなかった。ホテルやパブ、とりわけダンス・ホールは白人米兵が人種主義的攻撃をしかける主要な場所であった。犠牲者となったイギリス空軍の一員であった西インド諸島人は、ダンス・ホールに行くのは「夜ごとに敵地に命の危険をさらしに」行くようなものと述べて彼らが受けた過激な人種差別行為に触れた[35]。ダンス・ホールは、西インド諸島人にとっては、仲間や味方がいる場所というよりイギリスの領土でありながらいまや敵地のようになっていた。

陸軍省と植民地省

イギリス政府はコンスタンチンの訴えに応えなかったように、米軍や白人米兵が持ち込んだ人種主義にたいして無力だった。政府内でも議論がなかったわけではない。一九四二年九月に、陸軍大臣ジェームズ・グリッグはアメリカ陸軍当局に「有色人に対するわれわれの態度をアメリカ陸軍に説明してもらうこと」、および軍人・民間人を問わず「イギリス黒人をこの国の意見を二分するようなやり方で扱うこと〔アメリカ黒人に対する差別と同じ差別〕は避けてもらいたいこと」の二つを要請した。[36]閣僚たちもグリッグに賛成し、支持した。しかし、いざ行動に移すとなると、政府は何もしなかった。グリッグも上記の強い言葉は引っ込め、アメリカ側を刺激するようなことはおさえたために、結局のところ、政府によるアメリカ陸軍当局への政策勧告などは一切なされなかった。一九四二年一〇月一三日の戦時内閣決議でも、アメリカは「〔アメリカとは〕異なる、われわれの有色人に関する問題を認識すべき」[37]とあるが、アメリカ側への具体的な勧告はなかった。

政府としては無策に終わったが、帝国臣民である在英黒人に加えられる理不尽な暴力に気を配った省庁がなかったわけではない。植民地を管轄する植民地省である。植民地省は、イギリス帝国の支配に対する植民地側からの不平を激増させないようにとくに気を配っていた。本国イギリスが、白人米兵が持ち込んだ人種主義的な慣習をはっきりと認めてしまい、帝国臣民への暴力も容認してしまうと、こういったことが植民地エリート側に反イギリス感情を高揚させてしまうことに、植民地省はとりわけ懸念を抱いていた。

一九三一年にハロルド・ムーディが創設していた、黒人側の立場に立つイギリス内の組織である有色人同盟メンバーの社会学者ケネス・リトルが植民地省の官僚であるキース宛てに書いた手紙はイギリスで「アメリカの差別方式」が「模倣」されるどころかさらに「強化」されていると警告した。[38]これを受けて、アフリカでアフリカ人教育に携わったキースは、「もしも私たちが人種間の平等を植民地帝国の理想と信じるのであれば」、米軍の人種主義政策を認める内容の陸軍省文書の路線にそった措置がイギリスで取られることは許されない、とした上で、こういった措置はイギリスの公衆が「アメリカのニグロ」に対して差別をする誘因となるばかりか、「私たち自身の〔本国にいる〕有色人」「我が国の陸・海・空軍にいる有色人」「植民地の人びと」の立場を考慮してなされなければならないことを指摘して、以下のように続けている。

根本的な原理が関わってくる。人間としてのわれわれの相互関係は宗教と社会的理想によって決定される。私たちはおおまかに人間の同胞性を信じているし、この原理を壊そうとするいかなる試みも本国と海外のいずれにおいてももっとも深刻な反動を引き起こさざるを得ない。私は人びとがニグロに対する〔アメリカの〕南部的な態度を教唆されることに憤りを感じる。なぜなら、人と人との関係は個人的なものだからである。制服組であれ非制服組であれイギリス人にはアメリカのニグロたちとの関係において、自分に合ったやり方を見つけるように差し向けるべきであり、人種偏見が奨励されるようなことは一切なされてはならない。[39]

これは、「人種間の平等を植民地帝国の理想と信じる」人物による、イギリス内外の「有色人」の立場を考慮した異議申し立てである。キースのよく知るアフリカの帝国からの悪感情が生まれないように、帝国臣民である黒人を人種主義的行動から守ろうとした意図も示した点で、植民地省には本国ばかりか帝国の観点を持っていた官僚もいたということになるが、政府の政策としては、米軍との連携を重視する陸軍省などに押し切られ、事実上は無力に終わった。

しかし、こうした人種主義的な攻撃が繰り返された理由は、何と言ってもその主体である白人米兵の態度にあった。人種的偏見にまみれた白人米兵はイギリスにあっても、自文化の因習を捨てようとはしなかった[40]。

米軍内部の人種戦争[41]

第二次世界大戦中にイギリスで起きた人種が絡んだ暴力は、白人米兵と在英黒人の間にばかり起きた事件に限らなかった。米軍内の白人兵と黒人兵の間にも暴力があり、こちらの方がもっとひんぱんに起こり、規模もはるかに大きかった。

米兵がもっとも最初に到着し始めたのは北アイルランドであった。ここに二つの人種が到着するとともに白人兵と黒人兵の抗争が開始された。多くの黒人兵は北アイルランドで最初の数ヵ月間を一九四二年八月の終わりまで過ごしたが、そのうちに、黒人兵の一人は自分たちが海外に派遣されたのは、「白人兵と戦うためかナチスと戦うためか」疑問になり始めた。九月半ばまでに、黒人米兵一人が死亡し、白人米兵も重傷を負うなど、軍内部は内乱状態となった。皮肉なことに、この人種間の抗争は一時的ながらそれまでの北アイルランドにおけるカトリックとプロテスタントとの宗教セクト間の抗争に代わる様相すら呈していく。

三五〇〇人の住民がいたオックスフォード近辺の静謐な町チッピング・ノートンに七〇〇人の黒人兵が駐留し、またそのすぐ近くの村々に白人兵も駐留したことから、一九四三年一一月に抗争事件が起きたことをはじめ、今まで静かだった田園地帯で抗争事件が頻発するようになった。こういった事件は、五六件ほどあり、多くはイングランド西南部で起き、性質上も規模上も些細なものにとどまったと過小報告される傾向があった。この過小報告は、軍事上の機密保持のために事件を表沙汰にしたくなかった当局が隠蔽する必要性があったことも絡む。

しかし、これは事実に即していないとして、各地で起きた白人兵と黒人兵の間の大きな暴力事件は五大事件と呼ばれている。この五大事件が起きた年月日と場所のみ列挙すると以下のようになる。(1)四三年六月二四日に起きた、バンバーブリッジ（ランカシャー州プレストンの近く）での事件。(2)四三年九月二六日に起きた、ローンセストン（イングランド南西部コーンウォール州）での事件。(3)四四年二月二八日に起きたレスターでの事件。(4)四四年七月一五日に起きたブリストルでの事件。(5)四四年一〇月五日に起きたキングスクレア（イングランド南部ハンプシャー州）での事件。

このうち、機密保持の必要があったために伏せられていたという(3)のレスターでの事件にのみ触れると、ここには、フランス上陸作戦の訓練を受けるために到着したアメリカの落下傘部隊と、それ以前に飛行場建設現場で働く黒人米兵がいた。多くの若い落下傘部隊は南部諸州の出身者であり、衝突はほとんど不可避であった。同日、白人女性を連れている黒人米兵に、白人米兵が辛辣なあざけりの

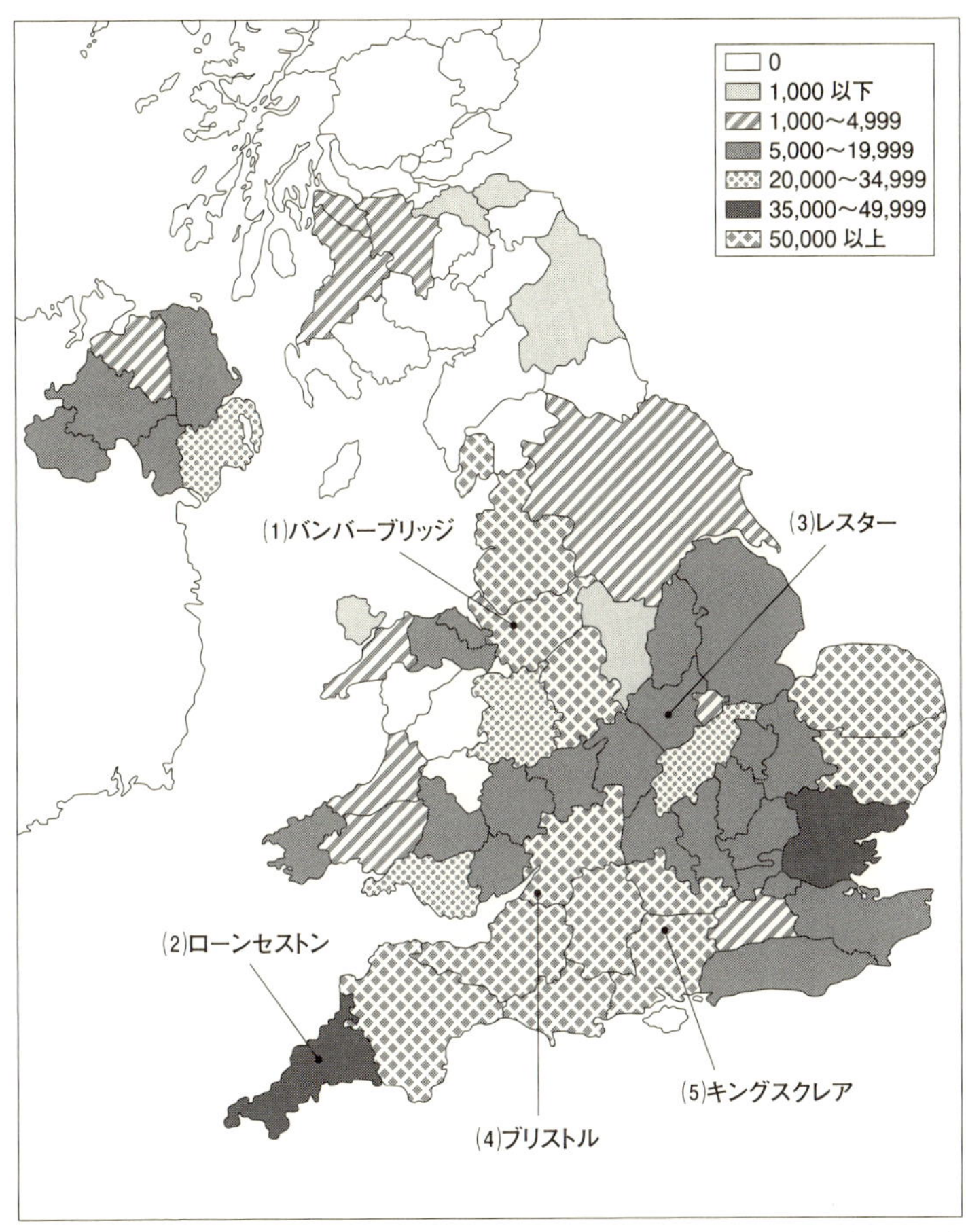

州ごとの駐英米兵の分布（1944年4月30日現在）と5大暴力事件。管区別兵員数は、南部管区649,442人、西部管区667,434人、中央管区28,612人、北アイルランド管区75,840人、不詳938人で、総計は1,422,266人。David Reynolds, *Rich Relations*, London, 2000, p.111.

言葉を浴びせかけたことが契機となり、争いに発展していく。(1)のバンバーブリッジや(2)のローンセストンでのように黒人たちは武器とトラックを指揮し、まもなく起こった「戦争」は空挺連隊の憲兵一人が死ぬという結果を残した。

この落下傘部隊がレスターにいること自体伏せられていたため、地元紙も報道できず、長いこと言い伝えられてきたにとどまる事件、「街角の戦争」については、近年、発掘や再発掘も進められている。[42]

これらの事件は、黒人兵の一人が抱いた疑問のように、自分たちの海外派遣は、白人兵と戦うためかナチスと戦うためかを問わざるを得なかった。これは、ダンス・ホールに行くことは夜ごとに敵地に命の危険をさらしに行くようなものと言った在英黒人の恐怖心と重なる。白人米兵の人種主義は、本来の敵であるナチズムを棚上げしてしまうほどの近視眼的な行動を促進する点で、帝国臣民に加えられた暴力の場合に見られた人種主義と共通している。

黒人の肩を持つイギリス人[43]

各地のイギリスの民間人は、当然ながら見慣れない人種問題が絡んだ暴力沙汰を観察していた。それどころか、こういった事件の目撃を通じてアメリカ観を変えていった。

ある世論調査では、「白人米兵の同志の有色人兵に対する態度はもっぱら非難されるべきもの」とイギリスの民間人は圧倒的に黒人米兵に好意を寄せていたことが報告されている。それも一九四二年から四四年にかけて、多くの人々が人種差別を目の当たりにして、地域によっては強い印象を与え、「白人兵の有色人兵に対する高圧的な態度」が「悪い印象を与えた」ことが報告されている。[44]複数の世論調査は、イギリスの民間人がアメリカ黒人を友好的に迎え、白人米兵による人種差別を激しく非難したことも報告している。第二次世界大戦以前には黒人に関する知識も関心もなかったイギリスの民間人が、なぜそうしたのか。それには三つの理由があった。

第一に、イギリスの民間人は、この戦争の目的のひとつは反ナチスで、少数者の権利の擁護と考えていたので、弱者への同調という考えにこだわっていた。軍隊の中でも下っ端で、弱者であり、また「下位の者」と見なされた黒人兵に、イギリスの民間人は同調した。こういった時期に人種偏見は時宜を得ず、不適切なものとの直感的な感情を共有していた。

第二は経済的な説明で、イギリスにおける黒人への歓迎を説明するものとして、第一の理由よりも一般的な理由である。アメリカ白人は、車、ラジオ、冷蔵庫、セントラル・ヒーティングなど近代的な生活の便宜が欠如していることに声高に不満を述べた。多くの白人兵はビールから風呂、トイレ、洗濯機といった水回りまで、イギリスで経験した多くのことを嫌った。店に行っても、店主は急がない。ホテルでは、便所は旧式で不快。床屋には汚いタオルしかなく、食事とウェイトレスは最悪で、ビールはまずく、しかも冷えていない。これに天気の悪さが加わる。

一方、アメリカ黒人は本国でもこういった贅沢をしていなかったので白人が見せた不満を共有していなかった。黒人とイギリス人は同様の生活水準にあり、両者の経済的類似性が親近性を深めることになった。

第三の理由はステレオタイプとしてのニグロである。異人種に関するステレオタイプ的観念とは、通常差別感を助長するものと考えられているので、この理由はやや分かりにくいが、ここでは「ステ

イギリス白人女性とダンスをする黒人米兵。ロンドンにて。Olusoga, *Black*, p.51.

レオタイプ」という言葉は、ネガティヴな意味ではなく、ステレオタイプと実際が一致していたので、むしろ歓迎された要因になったという意味で使われた。

たいていのイギリス人は黒人のイメージを映画から得ていた。現実に黒人に会ってみると実際に出しゃばらず、実際に子供に親切で、実際に歌い踊る黒人兵もいて、映画で見たイメージが再確認された。映画で見る黒人と実際に会う黒人のイメージが一致したことに加え、イギリス全国を回ってコンサートを開いた黒人の大合唱団がこのステレオタイプを強化した。もちろん、このステレオタイプとは正反対のこと、すなわち、黒人兵は上品であったから歓迎要因となったこと、映画で見ていたのとは異なり、彼らは怠惰でも馬鹿でもなく教養があるから歓迎された、という報告もあった。

世論調査に共通することは、黒人兵はイギリスで好意的な歓迎を受け、人種差別に加担する白人兵の行動はきびしく非難されたという結論である。これを補強する材料には事欠かない。以下はウィルトシャーはマールボロの民間女性の発言である。

> ここにいるすべての人はニグロ部隊が大好きで、女の子はみな彼らとダンスに行くが、白人が好

きな人は誰もいない。自分たちだけがこの戦争で戦っている者だとばかりにのし歩いている。彼らは皆したたかに飲んで汚らしく見えるが、ニグロはとても礼儀正しくとても格好がよくて、みんなのお気に入り（ペット）である。[45]

かくして、アメリカ黒人についての物語は、あれこれと尾ひれが付いて人々の神話の地位に達することがあった。パブの看板に「イギリス人と有色アメリカ人のみ」と書かれていたという話は至るところで報告された。全国のバスに乗る女性の車掌が、黒人に対して「ここはイングランドなのだから」白人に席を譲ることはないと指示したという話もこれと類似した報告である。

おそらく、もっとも人気を博した物語は、イングランド西部の農民を由来とするもので、アメリカ人の訪問者について問われた彼が「アメリカ人は好きだが、連中が連れてきた白人は嫌いだね」と答えたという話である。とどめを刺すのはあの作家ジョージ・オーウェルの観察であり、彼も一九四三年一二月に「衆目の一致するところ、上品な態度を有する唯一のアメリカ人はニグロだけである」と述べており、四四年四月になっても「皆が言うようにニグロの方が好きだ」と記述している。[46]

ブラウン・ベビー

イギリスの民間人によるアメリカの黒人兵に対する好意や厚遇は広く見られたにもかかわらず、ただちに二つの重要な修正を迫られた。一つは、黒人に対する当初の歓迎は、一九四三年の後半以降から色あせてくることである。したがって好意的だった時期は、四二年五月ごろからの一年と少しの期間にすぎなかった。

もう一つは、黒人兵にもっとも好意的な待遇をした地域でも、実際にイギリス白人女性と交際する黒人に対しては嫌悪感が広がったことである。人種問題についてもっともリベラルで深い見識を持っていた人々でさえ、このような異人種間の交際とその結果としての当時「ブラウン・ベビー」とたびたび呼ばれていた子供の誕生については、深い憂慮を表明することが期待されたし、現に表明した。[47]

イギリス当局は異人種間交際の問題には当初からとくに敏感だった。標的にされたのは、黒人アメリカ兵と交際していることが知られたイギリス白人女性だった。一九四二年八月に、黒人米兵の多くが配置されていた地域のイングランド南西部を管轄した、南部地区司令部のイギリス軍管理部門幹部であったアーサー・ダウラー少将が上司からの指示がないまま、アメリカ側と相談して書いた『有色人部隊との関係に関する覚書』は、「白人女性は、有色人と交際すべきではない」ことが肝要であるとして、以下のように続けた。

したがって、彼らと出歩いたり、ダンスをしたり、酒を飲んだりしてはならない。こうした禁止行為を厳しいもの、非情のものと考えてはならない。彼らはあなた方との交際を期待しておらず、こういった関係は、とどのつまり、もめ事を引き起こすだけである。[48]

一九四二年一一月、内相ハーバート・モリソンは「白人女性と有色人連隊間の性的関係がかなり増大し、子供が生まれてくると、厄介な性的問題が発生するやも知れないことを十分認識」していると書いた。[49]『肌の色問題――アメリカ人が見たまま』という一九四二年一二月に配布された陸軍時事問題事務局の教育用小冊子は、すこぶるダーウィンの信奉者的な言葉で以下のように述べた。

白人と有色人間の異人種間結婚が良いか悪いかについての長期の議論に立ち入ることは必要ではないものの、はっきりしていることは今日の我が社会にあってはこのような結合は望ましくないことである。なぜならば、そこから生まれてくる子供たちは白人でもなければ有色人でもないので、生存競争上できわめて不利になるからである。[50]

米軍が配置されていた期間中、異人種間の交際問題をめぐるすべての議論や公的な抗議には、ブラウン・ベビーについての根深くはあるもののしばしば暗黙の懸念がつきまとっていた。

黒人アメリカ兵との交際が露見したイギリス白人女性を標的にして、法と警察が使われた場合もあった。一九四三年の夏に、各地で「有色人兵が占拠する建造物への不法侵入のとがで」あるいは「近隣軍事地域の安全を侵害したかどで」女性が起訴された。地元の新聞は彼女らに恥をかかせるために名前の記載を決めて、一人の女性の夫は「海外で軍務」につき、女性には四歳と七歳になる子供がいると読者に伝えることまでした。[51]

このようなケースで警察、治安判事、新聞がとった手荒で見せしめ的な手法は、戦時の婚姻外性行動への広範な関心を示していた。黒人兵か白人兵かにかかわらず、アメリカ兵の恋人となった多くの女性は既婚者だった。夫が不在中の妻の不倫や子持ちの女性の戯れの恋は、戦争が引き起こした平時の家族関係の破壊、ひいては社会的混乱を可視化していた。米軍の配置と警察がとる戦術の一連の変化により、この状況は収まり始めた。しかしながら、危機を終わらせたのは、四四年六月六日、ナチス・ドイツ占領下のヨーロッパに連合国軍が侵攻を開始した日のD－デイであり、黒人米兵の大多数が大陸に移動したことだった。

だが、黒人米兵および彼らとイギリス白人女性との交際をめぐる議論は、戦後になっても長く続いた。一九四五年以後の数年間で、白人米兵と婚約したか結婚したかその予定のある者、あるいは婚外の子供を引き連れた数千人ものイギリス白人女性が、米兵花嫁計画のもと合衆国に渡ったが、黒人米兵の白人の恋人たちには深刻な障害があった。異人種間結婚は、アメリカのおよそ二〇の州で禁止されていたのである。

実際に、禁止されていたヴァージニアにイングランド中部地方出身の女性が旅をした例もあった。四七年、マーガレット・グーシーという名の女性がそこで黒人米兵の恋人トマス・ジョンソンと結婚したが、これはヴァージニア法に反するものだったので、花婿は逮捕されて州の農園に送られ、花嫁は六ヵ月の禁固の上、送還された。

戦争が終わるまでに、二万二〇〇〇人の子供がイギリス人の母と白人兵の間に生まれた。黒人兵とイギリス人の母との間に生まれたブラウン・ベビーの数は不明だが熱心な憶測を呼ぶ話題となり、まことしやかに五五〇人とするものから、かなり誇張して二万人とまでする、幅を持つ推計がなされた。もっとも信頼できる推計は、先にも触れた黒人市民権団体の有色人同盟によってなされた、一九四六年における五五三人という数字である。一九四八年までにその数字は七七五人までに増えた。[52]

戦争中の特徴をなしていた優しさやもてなしなどは雲散霧消した。多くのブラウン・ベビーは母親に捨てられた。母親もコミュニティーや家族からも追い出された。多くは養護施設に送られ、そこから養子に出されたのはごく少数だった。合衆国の黒人家庭が引き取る養子計画も考えられたが、無数の法の障害が行く手を阻んだために決して実行には移されなかった。さらには、イギリスの政治家は、ほんの数百人の子供の世話をしたり教育を授けたりすることができない、またはそうする気がないことを証明してしまったら、それが植民地の非白人にはどう映るかを懸念して、唯一の解決策は集団送還だと考えた。

もっと声高で不快な反対論は合衆国内部からあがった。下院の質疑で「ニガー」という言葉を使って悪名を馳せたミシシッピ州選出議員ジョン・E・ランキンは、再び下院で「イングランドからこの国にニグロの非嫡出子の子供を持ち込むこと」には猛烈に反対するとの表明をした。その母親たるや「イギリス諸島のくず」なのだからと。[53]

日本軍と戦うアフリカ人兵

第二次世界大戦中に五〇〇万人以上のアフリカ人が戦闘員、非戦闘員として、アフリカの角、中東、イタリア、ビルマでイギリス軍に参加した。これは、アフリカ人の海外動員としては奴隷貿易以降で最大の動きである。[54]そのうちイギリスの地を一度も踏むことなく、アフリカや他の植民地の領土に配置されたアフリカ人戦闘員は、ある統計では三七万二〇〇〇人いた。王立西アフリカ前線軍は、ナイジェリア、黄金海岸、シエラレオネで徴募され、一九四〇年から四一年にかけてアビシニアでイタリアと、ビルマで日本と戦った。

国王アフリカライフル隊は、ケニア、ウガンダ、タンガニーカ（現在のタンザニア）、ソマリランド、ニヤサランド（現在のマラウィ）の兵からなった。彼らはアビシニアでイタリアに勝利し、ヴィシー政権のフランス植民地だったマダガスカルを奪った。また、日本軍ともビルマで戦った。それは王立西アフリカ前線軍と国王アフリカライフル隊にとってはじめて自分たちの大陸以外での戦闘が許された戦いであった。意義深いことに、彼らの対戦相手、敵は非白人である日本人だった。

この配置は目を見張るべき成功と見なされ、イギリス帝国勲章を授けられた一人を含めて、アフリカ連隊の幾人かが勲章を授けられた。おなじみの疑似科学的な人種理論がことごとく持ち出されて、ジャングルでの戦闘におけるアフリカ人の勇敢さが説明された。いわく東南アジアのジャングルの病気には奇跡的に免疫ができているとか、熱帯の密生した下生えの中で戦うのに生まれながらに長けているといったことが、まことしやかに語られたのである。[55]

第６章

戦勝国の旧弊

20世紀後半

Chapter 6

Old-Fashioned Ways of Victorious Country

1　ウィンドラッシュ号という分岐点

戦後の労働力不足

第二次世界大戦の終了は、西インド諸島からイギリス本土へ大挙して押し寄せる入移民をもたらした。空前の数に達した入移民に対する諸政府による処遇は、戦勝国としての貢献者への優遇どころかこれまでの旧弊としか言えない冷遇に他ならなかった。戦後やや間をおいて一九四八年に起きた騒動も、第一次世界大戦後に増大した黒人移民に対する一九一九年の暴動への流れをなぞるように起きた。

第二次世界大戦後にはじめて行われた一九四五年七月の総選挙で、労働党が地滑り的な勝利を収めた直後、新政府にとって差し迫った急務となったのは、深刻な労働力不足の解消策であった。ただし、首相となったクレメント・アトリーと彼の閣僚たちは、この労働力不足の解消はイギリス帝国の黒人臣民を移民として本国に来させるのではなく、「外国人労働者」を使うことによって達成すると決意した。四六年六月に内閣労働力作業部会は、戦後の目標を達成するためには九四万人の追加労働者が必要と決定した。この年の年末までにその数は一三六万六〇〇〇人まで上昇した。[1]

この大きな不足分を穴埋めするために使われたのは、黒人臣民ではなく外国人労働者であった。ナチスと戦って戦争中にイギリスに居住していたポーランド人武装兵とその家族一〇万人以上に、永久居住権が与えられた。さらに、ドイツやオーストリアの悲惨な収容所にかくまわれていた、多くはウクライナ人、ラトヴィア人、ポーランド人からなる、八万人のヨーロッパ人難民もヨーロッパ人志願労働者計画のもとに募集された。戦後直後の数十年間を通して、イギリスの労働力はアイルランド人移民の流入によって一段と増大した。[2] 以上の外国人労働者はすべて白人の労働者であった。

政府は黒人の西インド諸島人の入移民は積極的に阻止した。一九四七年初頭、植民地省は、西インド諸島の役人宛てにイギリスには数千件もの仕事の求人があるとの噂を払拭せよ、との通達を出した。この年の六月、労働省のある役人が「労働力不足の折、我が国が外国人労働者獲得に多大な難儀を抱えていながら、西インド諸島のイギリス臣民に対しては求職を思いとどまらせることしか策がないとしたら、これは大いなる困惑となる」と適切な警告をした。とはいえ労働省は西インド諸島からの募集には断固反対のままだった。

同省が「余剰の西インド諸島男性」についての同年の調査報告書はまたもや、西インド諸島の黒人は「寒さに対して脆弱でより深刻な胸郭や肺の疾患のため、冬の戸外労働には不向き」と示唆した。しかし同時に、同報告書は西インド諸島人は熱帯に慣れているにもかかわらず、イギリスの炭鉱では働けないとも結論づけた。地下の気温は「あまりにも暑すぎる」と思い知るにちがいないという理由からである。労働省の見解では、黒人は寒すぎるのも暑すぎるのも労働には不適合で、労働可能となる気温幅は極端に狭かった。

ただ同年、植民地省が「数千件もの仕事の求人がある」とは虚偽であるとしたことを無視して、一一〇人のジャマイカ人労働者がかつての軍隊輸送船オーモンド号に乗って、突然イギリスに到着した。これには密航者も混じっていた。[3]

西インド諸島人は、戦時期にイギリスのために戦った数千人の兵士が帰郷した時、自分たちの故郷の経済が疲弊していることに気付いていた。そのためにイギリスでの雇用を求める彼らの要求はいっそう切実なものとなった。これに加えて、一九四四年、ジャマイカでのハリケーンは壊滅的な洪水被害を引き起こしてもいた。この破壊はセント・トーマス教区でとりわけ深刻だった。ここは、一九世紀半ばにモラント湾反乱が起きていた教区でもあり、四〇年代にあってももっとも貧しい地区であった上に、戦後にイギリスに高比率でやってきた入移民の出身教区でもあった。イギリスにおける労働力不足と西インド諸島の経済危機は、西インド諸島からの移民の波に刺激を与えたプル要因とプッシュ要因となった。

エンパイア・ウィンドラッシュ号

一九四八年六月二二日に、エンパイア・ウィンドラッシュ号がロンドンの主要港の一つであるティルベリ・ドックに到着し、四九二人の西インド諸島人が下船した。ウィンドラッシュ号の到着は、イギリス黒人史の大いなる分水嶺として広くかつ正しく理解されており、到着したこの年は、イギリスと西インド諸島間の関係が最新の段階に入ったことを象徴する年と見なされるようになっている。

とはいえ、政府はこの船を紛糾の種と見なした。ホワイトホール内では非難の応酬が見られ、その水面下ではウィンドラッシュ号が先例となってさらに移民を促す刺激とはならないよう万全を期す試みがなされた。アーサー・クリーチ・ジョーンズ植民地相は同船を船出させたこと、「事態を伏せておく」ことができなかったこと、こうした西インド諸島人の「侵略」を許したことを強く批判され、非難された。

労働相ジョージ・アイザックスは西インド諸島人は正式に招待されていたものではなかったこと、「いっさいの事前の取り決めなしにかなりの人数で到着してしまったこと」、「この前例に倣うような奨励策はけっして出さないこと」を強調した。[4] ウィンドラッシュ号がジャマイカを発つのを阻止する試みすらあった。首相アトリーは同船の針路を東アフリカに変更させ、西インド諸島人はそこでの落花生栽培事業の仕事に応募できないかについて問い合わせしていた。[5]

ロンドンに入港するエンパイア・ウィンドラッシュ号。1948年６月22日。Bygott, *Black*, p.52.

しかし、移民がイギリスのパスポートを携行したイギリス臣民であったので、彼らの上陸の阻止もウィンドラッシュ号のドック入りの阻止も不可能であることがはっきりした時、政府は戦略を変えた。それに、政府は彼らの到着を歓迎しなかったものの、イギリスの産業界は明らかに歓迎した。一ヵ月も経たないうちに、これらの需要のあった仕事をほぼ全員のために見つけたのは政府の方であった。移民たちはスコットランドからグロスターにおよぶ全国の人手不足の基幹産業で仕事に精を出した。

ただ、ウィンドラッシュ号の乗客の半分近くは、イギリス空軍や陸軍での兵役、軍需工場での労働で戦時期にイギリスにいた。したがって、これらは入移民というより帰国者と考えた方がよいかも知れない。[6]

一九五一年までは、西インド諸島からイギリスへの移民は一年につき一〇〇〇人を超えず、五一年には八九八名だったが、五二年には一二八一人となった。[7]その後、一九五〇年代初頭に起きた二つの予想外の事件が後押しして、この数は激増していく。一つは、一九五一年にジャマイカを襲った、一九〇三年以後に島を直撃した中でもっともすさまじいハリケーンである。島の東部の全域にわたり壊滅的な被害が及び、五〇〇〇人が家を失い一六二人が命を落とした。[8]ハリケーン以前ですら食うや食わずだった数千人もの人びとは、ここに居る理由がなくなり、多くの者は移民となった。

もう一つは、その翌年アメリカ合衆国議会が通過させ、マッカラン＝ウォルター法としても知られる「入移民および国籍法」である。この一九五二年法は、入国に新たな制限を課し、西インド諸島人の移民の流入者をごくわずかな数にまで減らした。イギリス領西インド諸島の全体に割り当てられるビザの数は年間ほんの八〇〇人にまで大幅削減され、ジャマイカ人は一〇〇人にしか認められなかった。[9]こうしたアメリカによる新たな規制のために、数千人の移民志願者の選択肢は突然削減され、イギリスという母国の方に方向転換した。

一九五三年、アメリカの「入移民および国籍法」後の最初の年、アメリカ行きを断念せざるを得なくなった西インド諸島人の移民を主としてイギリスへの入国者数は総計で三〇〇〇人に達した。次いで一九五四年には一万人に跳ね上がり、一九五五年には四倍以上の四万二〇〇〇人、続く二年間は数が安定した。一九五六年の総計は四万六〇〇〇人で、一九五七年には四万二〇〇〇人となった。次いで、一九五八年から五九年にかけては漸減が見られ、それぞれの総計は三万人と二万二〇〇〇人だった。[10]

一九六一年には、およそ六万人の入移民がイギリスに到着し、すでにここにいた推定二〇万人の移民に加わった。一九六〇年代末までにそのコミュニティーは五〇万人を超えることになる。[11]こうした西インド諸島からの戦後移民の高まりは、もちろん空前の規模であった。

イギリス国籍法

西インド諸島人がウィンドラッシュ号でティルベリに上陸した五週間後の一九四八年七月三〇日に国王の裁可を受けたイギリス国籍法は、かつてイギリス臣民という地位を保持していた帝国の人びとにコモンウェルス市民という新たな地位を付与するものだった。これは、カナダによるカナダ市民権の導入に一部応答したものであったが、これによって帝国の人びとはコモンウェルス市民としてイギリスに入国して居住する権利が与えられた。現在の基準に照らしても、何億人もの植民地臣民への市民権の再確認は、信じられないほど寛大だった。

ところが、すべての党の議員たちは、この法は単にイギリスと「旧自治領」との間の双方向の行き来の流れを継続させるものとしか想定しなかった。旧自治領とは、カナダ、南アフリカ、オーストラリア、ニュージーランドといった、しばしば「白人自治領」とか「旧コモンウェルス」と呼ばれた国々である。この法律で制定され政府がもくろんだ、入国と居住の権利を行使する人びととは、当時の通常の言い方では「イギリス系」の白人で、イギリスに帰国する人びとだった。イギリスに入国し居住する権利は、帝国を結束させ続けるきわめて重要な絆と見なされた。北極星としての位置にある本国とそれを周回する植民地からなる星座をイギリスが維持していく上で、それは不可欠なものだった。

イギリスと旧自治領との交通は双方向に流れていた。一九四六年から五〇年までの間に戦争で荒廃した本国の故郷を後にした七二万人のイギリス人は、旧自治領での新生活を目指した。オーストラリアは、緊縮経済に疲れて配給制が続いたことにも不満を抱いていたイギリス人にとって、もっとも人気のあった戦後の行き先であった。[12] 旧自治領という考え方に感情的に訴えることと母国との深い歴史的な結束は一九四〇年代から五〇年代にかけてもとりわけ強力であった。

しかしながら、すべてのコモンウェルス臣民は理論的に平等であるために、入国と居住の同じ権利は、アジアの他にアフリカと西インド諸島も入れた「新コモンウェルス」と呼ばれた地域の非白人にも適用された。この法案が審議されていたころ、戦時中にイギリスのために戦った西インド諸島じゅうの兵士たちは、申請資格があったイギリスのパスポートを申請した。それは、国籍法が施行された一九四九年一月一日以降、イギリスへの入国と居住の権利を保証した。

一九五一年一〇月の総選挙によって発足したウィンストン・チャーチルの保守党政権もアトリー労働党政権とあらゆる点で同じように西インド諸島移民に対して不快感を表明した。一九五〇年代初頭から半ばにかけて、この政権は西インド諸島人をこの国に入国させない方法を案出したり、その居住権を五年間に制限する案の導入を考えたりした。これは四八年のイギリス国籍法のもとで西インド諸島人が享受していた入国と居住の権利に反するばかりか、その時まだ巣立ったばかりの多人種的なイギリス・コモンウェルスの諸国家の間に反感や憤りを引き起こすことが予期されたので、多くは取り下げられた。[13]

一九五〇年代には、非白人から入国と居住の権利を効果的に奪うような新たな立法の準備のために五件の内部調査研究が労働党と保守党の両方の政治家により開始された。そして、その全員が黒人移民の存在が国家に対して引き起こした諸問題を説明し、もしも黒人がかなりの数で到着し続けたら、受け入れ人口が直面する悲観的な結果を立証し始めた。

一九五三年一二月に内閣によって着手された最後の調査は、「連合王国において雇用を求める有色人」をテーマとする作業部会によって実行された。作業部会内には内務省、植民地省、コモンウェルス関係省、労働国務省、スコットランド内務局、運輸民間航空省、生活補助金局からの代表がいた。五三年一二月一七日付けの報告書は「有色人の労働者」は「無責任で、短気で、規律が欠如している」ために就職することはむずかしく、血まなこになって仕事を探していると示唆し、黒人は「知能が遅れており」、全般に「イギリスの雇用主が必要とする水準に達する能力を持っていない」と書いた。[14]

こうした主張は、すでに数千人もの西インド諸島人がイギリスで働いており主要な雇用主の幾人もが西インド諸島の労働者を積極的に募集していたという事実があるにもかかわらずなされた。一九五六年までにロンドン交通局はジャマイカとバルバドスで募集を始めていた。イギリス国鉄はバルバドス労働省に募集広告を出していた。イギリス・ホテルレストラン協会も西インド諸島から新たな働き手を呼び込もうとしており、国民保健サービスは西インド諸島の女性にイギリスに来て看護師として訓練を受けるよう訴えていた。[15]

重要なことに、一九六一年夏に行われたギャラップ世論調査では、全人口の六七％が新コモンウェルスからの入移民への制限を支持したことが分かった。回答者のうち二一％しか一九四八年の国籍法下に存在した寛大な調整を支持していなかった。[16]

その翌年一九六二年のコモンウェルス入移民法によって、連合王国政府が直接発行せず、イギリス領植民地政府や総督が発行したパスポートを携行するコモンウェルス市民は、イギリス入国の際に入国審査を受けることが必要とされると決定された。この法律はまた新コモンウェルスから毎年入国する黒人の数にも制限を設けた。野党の労働党党首ヒュー・ゲイツケルはこの法を「残酷で野蛮な反黒人立法（アンチカラー）」と非難した。[17]

この法律で規定された入国に必要な雇用証明書保持者はごく少なく、最多の六五年で三〇〇〇名、翌年には六〇〇名に激減、以後減少した。これに代わり、世帯主に同伴あるいは合流した被扶養家族が増え続け、六四年から六七年にかけて一万一〇〇〇人前後となり、以後激減した。六六年以後に雇用証明書保持者が、六八年以後に被扶養家族がいずれも急減し、七三年には両者合わせて一一〇名ほどにとどまり、西インド諸島からのイギリスへの移住は停止してしまったと見なされる。[18]このコモンウェルス入移民法の効果はてきめんだったのである。

2　騒擾、暴動、蜂起

四八年の騒擾、五八年の暴動

一九四八年八月、エンパイア・ウィンドラッシュ号でやって来た西インド諸島人が新たな職や住居に落ち着いていく一方で、リヴァプールで黒人の家屋やクラブへの組織的な攻撃が起こった。一九一九年の悪夢がリヴァプールでよみがえった。[19]一九年の時のように、黒人水夫がイギリス船に雇用されるのを阻止する水夫組合が主導し、黒人水夫が居住していたホステルがまたもや標的となった。騒擾の二日目に、二〇〇〇人強の群衆が一つのホステルを襲撃した時、警察は三〇年前の騒擾とまったく同様の対応をした。そのホステルを急襲し内部に留め置かれた黒人を逮捕したのである。

一九五八年にノッティンガム、その後、ロンドンのノッティング・ヒル地域で暴力沙汰が発生した。この騒擾は「暴動」と呼ばれたが、じっさいは白人の群衆によって仕掛けられた黒人とその家屋への攻撃だった。この暴動は、戦後の経済不況の文脈の中で、都市中心部における非行集団による暴力の伝統や戦後の非行少年現象と見なされてきた[20]。しかしながら、この暴力の口火を切った一つは労働者階級の少数の若い白人の間にあった、異人種間恋愛関係への強い反感であった。この点では、五八年の暴動は、一九年の騒擾と異なっていた訳ではなかった。

ノッティンガムでは、この騒ぎはセント・アン教区地区のバーで会話していた黒人男性と白人女性に対して白人の酒飲みが反感を持った時に始まった。ほんの数時間で、一〇〇〇人もの白人が黒人の攻撃に加わり、八人が病院に担ぎ込まれた。一週間後に若い白人の群衆がふたたびノッティンガムに集まり、さらなる暴力をあおり立てようとうずうずしていたが、通りには黒人が一人もいないことに失望した。

そのまた一週間後、ノッティング・ヒルで、若者を中心とする四〇〇人の労働者階級の白人が急造品の武器を持って、地元の黒人とその家屋に二晩にわたって攻撃を仕掛けた。白人は当初、反撃を受けなかったが、三日目、四日目の夜になると、旧軍人もいたノッティング・ヒルの黒人居住者は団結して武装するに至っていた。自らのコミュニティーを果敢に守ったのである。警察がついに統制に踏み込んだのはこの時点だった。黒人が自分たちの家々とコミュニティーを守る際、白人の隣人の中には助け船を出した者もいた。隣人らは白人の暴動者はそのたいていが首都の他の場所からノッティング・ヒルに大挙してやってきていた悪党どもやトラブルメーカーであるという事実に憤慨していた。[21]

八一年の蜂起

次に暴動が起きたのは二〇年ほど経過した一九八〇年代の初頭である。八一年は衝撃的な悲劇で始まった。ロンドンのニュー・クロス地区にある家が火事で全焼し、一三人の若者が亡くなった。全員が黒人だった。彼らは誕生日パーティを祝っていた。事件の徹底調査を要求して、三月におよそ二万人の黒人がデトフォードからロンドン中心部に向かって行進した時、新聞各社はこの圧倒的に平和な行進を暴動の一日と報道した。

翌月、ロンドン警視庁がブリクストンでの暴力的な街路犯罪に対する作戦を開始した。この警察の作戦は、あの悪名高い「容疑者」法を活用した強硬な取り締まりの実行だった。容疑者法とは、警官が罪を犯すと疑いをかけたすべての不審者を呼び止めて尋問できる一八二四年の浮浪者法の第四項までさかのぼるものだった。当作戦は、ロンドンの黒人コミュニティーの間に恐ろしい評判が広がっていた警官隊である、特別巡回集団によってなされた。

二日以上かけて、一二〇人の私服警官が九四三人を呼び止めて尋問し、一一八人を様々な容疑で逮捕した。この高圧的な作戦は、若い黒人と警察との間の緊張をしだいに上昇させていた一連のもめ事に輪をかけて、信頼関係が完全に崩壊し、怒りが爆発して破壊の波が押し寄せる結果となった。

一九八一年の暴動はロンドンを越えて、他の都市中心部にも広がっていった。そこでは黒人の若者、ウィンドラッシュ号世代の子供たちが自分たちはのけ者にされて警察にも迫害されていると感じていた。暴動はバーミンガムのハンズワース、マンチェスターのモス・サイド、リヴァプールのトクステスで起こった。いずれも黒人住民と警察との間で深い緊張がわだかまっていた地区である。

リヴァプール警察本部長のケネス・オックスフォードは、歴史的な連続性を強調し明示するかのように、暴動の根本原因は「リヴァプールの異人種間に生まれた住民たちの問題」だと示唆した。多くは第一次世界大戦以後にリヴァプールに住み着いていたこの住民たちは、当の警察本部長によって「黒人水兵とリヴァプール八区〔トクステス〕の白人売春婦との結合の産物」と表現された。[22]

警官隊が出動したブリクストン。1981年4月。Bygott, *Black*, p.70.

一九八〇年代初頭の暴動は一九一九年、一九四八年、一九五八年の騒擾とはかなり異なっている。後者の三つの騒擾は、白人非行集団が黒人とそのコミュニティーを標的にした暴力の勃発だった。これは八〇年代には当てはまらない。こちらは「蜂起」であり、長年にわたる組織的な迫害や偏見に立ち向かった若者によって闘われたものだった。

七〇年代半ばまでに黒人人口の四〇％がイギリス生まれとなっていた。彼らには強い絆を実感できる国がイギリス以外に一つもなかった。彼らにはまた入移民としての部外者意識がなく、排除を受け入れる意図もひどい扱いに寛容になる意図もなかった。彼らの親たち、すなわち第二次世界大戦後にエンパイア・ウィンドラッシュ号でやってきた戦後入移民を第一世代としたら、八〇年代初頭の蜂起の主体となった人びとは戦後入移民の第二世代とも言えよう。第一世代は雇用を求めて移住してきたので、多少の人種差別も我慢したが、第二世代の多くはイギリス生まれなのにあちこちで肌の色ゆえの差別を受け、経済の不況も相まって失業していたのである。[23]

3　人種主義の現場としての福祉

首相官邸の関心事

ウィンドラッシュ号から四〇年以上の時が経過した一九九〇年代はじめの福祉調査報告書の一つは、以下のように、上記の戦後入移民の第一世代の高齢化を指摘した。

一九四八年のウィンドラッシュに乗ってきた二五歳の若者も今では七〇歳近くの高齢者である。社会の年齢構造も変化を遂げ、要求も増大する。民族的少数者の高齢者人口の要求が切実になってくるや、資金が不足する事態にもなりかねない。[24]

第一世代には高齢化が押し寄せていた。「民族的少数者（ethnic minority）」とはこれも『オックスフォード英語辞典』によると、「より多い支配的人口とは異なる民族ないし文化の伝統を持つ、国やコミュニティーの内部の集団」である。

ここでその民族的少数者の内訳とそれぞれの数を確認しておく。一九八七〜八九年の数字で、彼ら民族的少数者は、二五七万人いる。これはイギリスの全人口の四・七％を占める。まずは、「アフリカ系カリブ人（Afro-Caribbean）」という集団で「黒人（black）」「西インド諸島人（West-Indian）」とも呼ばれる、主としてカリブ海地域出身の移民を指す。本書ではもっぱら西インド諸島人と表現してきた。民族的少数者に占める割合は、二〇％を少し下回っている。

これを上回る民族的少数者の半数を占めているグループは「南アジア人（Asian）」で、インド、バングラデシュ、パキスタンなどのインド亜大陸を出自とする移民を指す。南アジア人の中でもインド人が最大のグループを構成し、民族的少数者の三〇％を占めている。民族的少数者の五〇％は、イギリス生まれで、平均年齢は白人人口よりも若い。[25]

同じく一九八七〜八九年の数字で、イギリスの全世帯の五分の一（二〇％）に六〇歳以上の高齢者がいる。南アジア人の場合、これは四％で、アフリカ系カリブ人の場合は六％である。しかし、民族的少数者の高齢化が進んでいる。四五歳から五九歳の年金受給年齢を迎えようとしている世代の占める割合、すなわち高齢者人口の上昇率は、アフリカ系カリブ人の場合で一九％、南アジア人は一二％、白人の場合は一九％である。

つぎに、一九九一年国勢調査（センサス）のデータにもとづくと、上記の民族的少数者と同じカテゴリーの「黒人・民族的少数者」集団の高齢者の人数と比率は両方とも上昇しており、近い将来上昇し続けることがわかっている。

すなわち、六〇歳以上の人びとが占める割合は白人の場合で二二%、黒人・民族的少数者の場合は六%であるが、四五歳から五九歳までの年金受給年齢に近くなっている世代の占める割合は、白人の場合で一七%、黒人・民族的少数者の場合は一三%となっている。同じく、九一年国勢調査によると、黒人・民族的少数者集団のうち六〇歳以上の人びとは、一七万五五〇〇人である。八一年国勢調査と直接比較できるデータはないが、八一年から九一年までにその数は二倍に達していると推測される。[26]

民族的少数者の高齢者が目につくようになり、政策決定者の関心を引くようにもなると、一九七〇年代末から彼らについての調査が開始されるようになった。八〇年代初頭から複数の報告書が出されており、そのうちの一つである「黒人と南アジア人の高齢者――首相官邸の関心事」は序論で、以下のように記した。高齢者問題と黒人問題は、「首相官邸の関心事」ともなりうるほどの大きな問題であり、今後二〇年間〔一九八四年時点から〕でイギリスが直面する主要な二つの「社会問題」である。超高齢人口の増加は、高価な保健・社会サービスへの依存を増やすし、黒人と南アジア人移民コミュニティーの失業の増加は、犯罪、および近年〔一九八一年〕のブリクストン暴動などの都市暴動と結合し、未来にわたる懸念を増幅させる。[27]

黒人と南アジア人の高齢者は、戦後に福祉大国となったイギリスの福祉政策の対象になっていた。以下からは、バーカー著[28]（一九八四年）とモートン編著（一九九三年）所収の報告論文[29]を使用して、民族的少数者の高齢者を上記のように黒人（アフリカ系カリブ人）と南アジア人に分けて、この両集団に共通して現れたり、あるいは別々に生じたりした福祉の現場での人種主義を見ていく。

入居施設

まず、住宅は生活の拠点になるにもかかわらず、もっとも多く報告されている人種主義の現場である。とくに黒人・南アジア人は、住宅を賃貸する際の差別を経験している。皮膚の色ゆえに、はじめから入居を断られる事例である。入居できたとしても、孤独が待っている。白人の多くは、魅力度には差異があるものの「老人ホーム」や管理人が滞在する集合住宅の「シェルタード・ハウジング」に入居する。しかし、これらのすべては入居した多くの黒人・南アジア人にとっては耐え難いことがわかっている。ホームないし入居施設で唯一の非白人でいることは、とりわけ差別があったり、他の居住者が進んでつき合おうとしなかったりする場合には、きわめて孤独を感じる経験となる。

ある「介護施設の幹部」は「ここ〔介護施設〕での主要問題は、彼ら〔黒人の入居者〕を「ブラッキー」とか「ニガー」と呼び、部屋をともにすることなどは絶対に拒否する世代の〔白人の〕居住者に関するものである。殴りかかったりする者もいれば、同じテーブルに座ることを拒否する者もいる」と証言しているし、もう一人も「民族的少数者の高齢入居者はとても孤独を感じている。訪問客はスタッフに脅かされ、来るのをやめる。入居者はたちまち死んでしまう」と告げている。

調査者の一人は、一つの報告書にまとめるために聴取された人びとの「六人中一人の割合で人種主義が触れられた。それは介護付き施設ばかりか行政サービス全体に今もあると感じられた」と結んでいる。その結果として、著しい数の黒人が数世代にわたって居住しているリヴァプールといった都市でも、滞在型の介護施設である「レジデンシャル・ケア」やシェルタード・ハウジングには民族的少数者の高齢者がほとんど見られない。いきおい、老いてから、都心部の人口密集地帯での狭い一室で一人住まいにならざるを得ず、仲間及び相互援助に関する調査への回答者の圧倒的多数は、自分の人生の特徴に孤独とか社会的孤立をあげている。

「似た境遇にある者の集まる場所」を見つけていきたいと希望する彼らに対する対応策として、福祉サービスの当局者は、民族的少数者向けの一日滞在施設としての「特別デイセンター」をあげている。デイセンターまでの途中、人種的嫌がらせが考えられるためにセンターへの送迎も不可欠である。また滞在型の入居施設としては、白人の居住空間とは別棟・別室にするなど特別な配慮が施された「特別仕立ての集合住宅」が明らかに求められている。これには老人ホームやシェルタード・ハウジングもふくまれ、これらに主として必要とされていることは、同類の人びとと快適に安全に過ごすことである。

居住状況

ここで、民族的少数者の高齢者の居住状況を一人住まい、二人住まい、六人以上と同居に分けると、一人住まいはアフリカ系カリブ人に多く三六％で、南アジア人は五％にとどまる。二人住まいのアフリカ系カリブ人は三二％で南アジア人は一三％、六人以上と同居する者が、アフリカ系カリブ人で二％にとどまるが、南アジア人で七一％となっている。同居者が六人以上で暮らす南アジア人の割合が高く、多くは公営住宅への入居資格を持つのに公営住宅には住まずに、多人数で過密の世帯で住むことを選んでいる。この理由の一つは家族が大人数で住んでいないことからくる「恥辱の烙印」を受けたくないと考えるからである。

恥辱の烙印とは、福祉の場面でたびたび出てくる言葉で、福祉サービスを受けること自体に、尊厳が傷つけられるような烙印、あるいは不名誉と感じるような汚名を指す。

これは次のような、パンジャブから単身で一九六〇年代初頭にイギリスに来て、およそ一〇年を経て、妻と四人の子供が合流したC氏という調査対象者の回答から理解できよう。彼は福祉サービスを受けることを不名誉と考え、あえて受けないまま、彼の家族と親戚で近くの二軒の「テラスハウス」に住む。テラスハウスとは隣同士、壁で仕切られた長屋式の連続住宅である。彼は「王様のように帰郷」するだけの金を稼げなかったこと、彼らと共有する財産によってもテラスハウスではなく、彼と息子たちが親戚を全部住まわせるだけの大きな家を提供できなかったために渡英そのものを失敗と感じている。

居住状況との関連で、もう一つ南アジア人の高齢者にとって、白人の高齢者よりもはるかに屈辱的で恥辱の烙印を残すことにもなるのは、家族に世話をしてもらえないことである。家族に囲まれて家族に面倒を見てもらうことが当然と見なしてきた彼らにとって、独居していることが知られることはきわめてつらいものとなる。彼らはいきおい、家を訪問するホームヘルパーやサービス提供者を避ける。これも福祉サービスを受けることを恥辱と考えるからで、ひたすら受給の必要性を隠したりすることにつながる。これらが住居どころか福祉サービス全般の利用率の低さを説明する。

この低利用率の原因の一部は彼らがその存在自体を知らないことにもある。ホームヘルパーについて知っていると答えた南アジア人は五三％で、「健康診断訪問者」について知っていると答えたのは六四％である。同じ質問に知っていると答えたアフリカ系カリブ人は上記の順番でそれぞれ九四％、八〇%であり格段に多い。

ただ、老後の面倒を見てくれる家族を持たないことを恥辱の烙印と感じるのは南アジア人だけではなく、アフリカ系カリブ人にも共通していた。ジャマイカ出身で七二歳のW夫人が、ジャマイカとは対照的に「イギリスでは子供が老いた両親の面倒を見る責任がまったくないこと」を見てかなりのショックを受けた、と語るように、家族が介護することを当然視する伝統的な共同体のメンタリティーをもつ移民であるアフリカ系カリブ人にとっても、介護が社会化された産業化社会の文化を知ることは人生の末路での不安につながる。

もう一人、五八歳のアフリカ系カリブ人で看護師のL夫人は、二五年の滞英期間を経て、最近帰郷を決めた。帰郷の理由として、ジャマイカで妹と住んでいる高齢で病気の母がいて、おそらくその介護を希望していること、および、「ここ〔イギリス〕で年をとろうとは思わない。寒すぎるし、ここの老人たちは故郷〔ジャマイカ〕にいるのと同じような介護は受けられないからね」と調査者に語り、彼女自身も老後の介護はジャマイカで受けたいことを述べている。老後はイギリスにいては故郷=ジャマイカで受けられるような伝統的な家族による介護が受けられないので、自分は帰郷して伝統的な介護を受けたいと表明している。

福祉に頼らず身内による助けに依拠したり期待したりすること、すなわち「自ら世話をする」ことにおいては、南アジア人とアフリカ系カリブ人の両者は共通していた。一九八〇年代初頭に相次いで現れた民族的少数者の福祉をめぐる各々の調査も、この自ら世話をすることへの関心があり、これが今(一九八〇年代初頭の時点)でも妥当なのかの検証が目的の一つであったし、諸調査はこれがある程度真実であることを示している。

言葉と食事

各種の福祉サービスの存在そのものを知っているか知らないかの格差の原因の一つは言葉である。福祉サービスを受けるには、係官と英語で接触し、面倒で大量の英語の書類を読み、書類を英語で書いて提出しなければならない場合が多い。ところが、英語が話せない、読めない、書けない高齢者がいるのである。英語を少しも話さず書けないアフリカ系カリブ人は四％にすぎないのに、南アジア人では三八％もいる。また主たる言語が英語である者は、アフリカ系カリブ人で九七％、南アジア人では主たる言語がパンジャブ語である者は三九％、グジャラート語である者は四七％、ウルドゥー語が一三％、クチ語が一％、英語が六％である。

コミュニケーションと言語については「何らかのトラブルを経験したか」との調査項目には、アフリカ系カリブ人でゼロなのに対して、南アジア人では二〇％の人がイエスと答えており、南アジア人のもつ最大の問題である。一般的に健康・社会サービスを受ける際に、「コミュニケーションがとくに問題になるかどうか」との質問には三分の二の南アジア人住民が「問題になる」と答えているが、アフリカ系カリブ人では一〇％にすぎない。アフリカ系カリブ人の言葉は英語、宗教はキリスト教でイギリス人と同じであることが、この数字の低さに表れている。一方、九八％もの南アジア人が社会サービス提供者が英語ではなく、彼らの言葉を話せることを重要視している。

また、この調査ではスタッフに南アジア人の言葉を解するメンバーがいたため、英語しか理解でき

ないスタッフによる調査ではけっして知ることのない生の言葉を聞くことができた。南アジア人の一人が言うには、

病院に定期検査に行っているが〔医者の言うことが〕何もわからない。ときどき質問もするが、彼らは忙しくしているし、説明を嫌うので満足な答えは得られない。……もっと南アジア人の看護師を雇うべきだ。……それで痛みがなくなるわけではないが、病院にいて慰みと心強さを与えてもらえる。

もう一人も、

英語が話せないのでどこに行くのでも通訳が欲しい。言葉のために……住居や健康サービス、医者に行くのにも難儀を感じる。バスの番号や駅名も読めないので一人で外出もできない。私の言葉であるグジャラート語で呼ぶことができる「電話連絡移動サービス」はありがたいと思っている。

次の五二歳の南アジア人女性の言葉も痛烈である。

私たちの言葉を話し、私たちの文化を理解できる看護師がもっといてほしい。私たちも人間です。私たちが望むことはみな同じです。言葉も話せずわからない場所に行ったら、そこの人は我

慢してすべきことを教えてくれなければならないと思います。

通訳や翻訳が全くないわけではなく、地域ごとのサービスを担う「地域保健局」において「通訳・翻訳サービス」がすでにあることも以下のように伝えている。このサービスにおいて、英語以外の言語を話すスタッフや代行機関のリストのみ置いている地域保健局が九、特別対策を組んでいる地域保健局が二六で、特別対策なしで患者の関係者に一任する地域保健局が四となっている。特別対策を組んでいる二六の地域保健局の内訳は、診療室に意思疎通用の本や言葉カードを設置している地域保健局が七、地元の通訳業者や自前の通訳者を雇う資金を投入している地域保健局が一九ある。

これらを踏まえた政策勧告では、センターや他の施設に進んで参加しやすくする翻訳された案内書も不可欠であるとするが、すべての文書のあらゆる言語への翻訳が最優先されるとは考えない。なぜなら、翻訳されたとしても極貧層の多くは文字が読めないからであると報告書は結んでいる。

言語以外にも、民族的少数者には不適切で受け入れがたいサービスゆえにその低利用の理由となりうるものもある。もっとも単純なレベルでは、デイセンターや病院、配食サービスで出される「無神経な食事」の提供である。一人の南アジア人女性が調査員に答えて言うには「私は英語が話せない。〔白人の〕マジョリティーが食べていて、病院でも出される食事を食べることができない。〔病院では〕私の宗教の祈禱ができない、毎日の神への儀式もできない」。ここでは言語以外の食事や宗教といった病院における自国文化の押しつけを訴えている。

福祉サービスの調査者は、以上のような移民の民族的少数者が持ちこんだ、言語、食事、宗教といった固有の文化と受け入れ国イギリスの文化との齟齬を、戦後福祉大国であるイギリス国家がいっさい配慮しない「文化的傲慢」と判断している。こうした福祉の場面における文化の壁の乗り越えがたさは、アフリカ系カリブ人よりも南アジア人の方が深刻である。翻訳サービスの欠如、配食サービスで出される豚肉や牛肉、女性の医師の欠如などに敏感なのは南アジア人である。病院の診察の現場で医師と看護師が自分と同性であることを重要と考える南アジア人は三七%と多いが、アフリカ系カリブ人では、医師がどちらかと言えば同性がいいが重要であるとは考えないが一一%、どちらでも問題とはならないが八六%に達している。

調査者は総括箇所において、これらを福祉を提供する側から受ける側への「無神経・冷淡」とも見なし、「積極的な人種主義」、とくに従来の「肌の色に基づく人種主義」による暴力や攻撃と区別して「消極的な人種主義」と呼び、福祉のトラブルの根源にあってなかなか解決されないものの一つでもあるとしている。

在英南アジア人の大いなる進出

ここで一九八〇年代の福祉問題に限らず、さらに歴史を長期的にさかのぼって見ると、このアフリカ系カリブ人と南アジア人の両者は、イギリスが一七世紀から二〇世紀の間に建設しては喪失した、北アメリカ・カリブ海の帝国とインドの帝国という、東西の二つの帝国からやって来た流民たちだったという共通点がある。

南アジア人の場合には、イギリスで洗礼を受けたという一七世紀初頭の記録から、帰国した東インド会社員や軍人の家族の従僕になった記録まで存在する。第2章で見た、一八世紀の逃亡奴隷データベースには「インド人」として頻出したばかりか、一八世紀末のシエラレオネ移民計画の対象となった一集団を形成していたのも彼らだった。しかも、あの時、ロンドンの路上に朽ち果てようとしている「黒人貧民」として最初に注目を浴びたのはアメリカ植民地の元奴隷ではなく、こちらのインド人の窮状だった。シエラレオネへの入植希望者を募る先導役を買って出たリーダー格の八人の「伍長」のうちの一人もインド人であった。

一九世紀にはラスカルと呼ばれる水夫、すなわち東インド会社や他の船舶に不可欠な乗組員として勇名を馳せた。[30] 二〇世紀になって第一次世界大戦期には、一二七万人のインド人が西部戦線で戦ったが、そのうちイギリスに来たのは負傷した数千人だけだった。両大戦間期には最大で八〇〇〇人のインド人が、イギリス国内の海運業、飲食業などで働いた。第二次世界大戦期には徴兵のために生じた労働力不足を補うために、工場労働者として働きにやって来た者がいた。

第二次世界大戦後では、インドからの労働者の移民は西インド諸島からの移民より遅く始まった。南アジアからの流入がようやく増大したのは一九六一年からだった。直後の六二年に激減するが、その後は持ち直し、その勢いは七〇年代半ばまで続く。制限措置はしだいに厳しくなり、家族呼び寄せの可能性の有無にもおよぶようになる。[31]

南アジア人はインド亜大陸の独立の経過から、インド系、バングラデシュ系、パキスタン系と多様性を帯びていき、専門職として移住して地位を維持してきたインド人もいたが、バングラデシュ系とパキスタン系の多くは非熟練労働に従事するために移住してきて、自営業に転じる人びともいた。イギリスで成功した南アジア人は専門職の人びとで、ビジネスでもっとも成功したのはウガンダでビジネス経験のあったウガンダ系アジア人である。[32]

二〇二二年一〇月に就任し、二〇二四年七月の総選挙後に退任したリシ・スナク[33]首相はイギリス史上初のインド系の首相であった。祖父がインドのパンジャブ出身で、一九六〇年代に東アフリカからイギリスへ家族とともに移住しており、ケニア生まれの総合診療医の父と、タンザニア生まれの薬剤師の母の長男として一九八〇年に生まれた人である。スナク内閣の閣僚には、同じくインド系の内相スエラ・ブレーバーマンがいた。これも在任期間は短かったものの、スコットランド自治政府首相もパキスタン系のハムザ・ユーサフ[34]（在任二〇二三年三月二九日〜二〇二四年五月七日）だったし、そればかりかロンドン市長が同じくパキスタン系のサディク・アマーン・カーン[35]（在任二〇一六年五月九日〜）となると今日における南アジア人の政界への大いなる進出が見てとれよう。

南アジア人は、政界ばかりか、ビジネス、とりわけ医療関連の専門職、文化面などイギリス社会の諸分野やロンドン以外の地方都市[36]に進出・台頭していることは誰しもが認める状況になっている。文化面でも影響の広がりは著しい。とりわけ食文化において、一八世紀に東インド会社統治下のインドで巨富を築いて本国に帰還した「ネイボッブ」がインドから持ちこみ、一八世紀末にはロンドンのレストランで提供され始めていたカレーの流れを汲み、一九六〇年代に生まれたとされる料理である「チキンティッカ・マサラ」について、当時のロビン・クック外相は二〇〇一年の演説で「いまや真の英国の国民食となった」と述べた。[37]

チキンティッカ・マサラは、インド料理のチキンティッカに、イギリス人の欲求を満たすために使われるマサラソースが加わったいわば合作である。これはイギリスの文化と料理へ脅威を与えたというより、より豊かにするために多大の貢献をしたこと、ひいては多文化主義の受け入れは「イギリスらしさ（Britishness）」の理解に大きな影響を与えた。[38]

こうした「南アジアらしさ（Asianness）」と「イギリスらしさ」とは相互に反発するどころか、むしろ融合して新しいイギリスのアイデンティティーたる「多文化のイギリス（Multicultural Britain）」をめざすことがクックの演説の趣旨だった。このことは「黒人らしさ」と「イギリスらしさ」の結びつきを表す言葉「黒いイギリス人（Black British）」のありようを見るとさらに理解しやすくもなろう。

終章

「イギリスらしさ」を担うのは誰か

Conclusion

Who takes up “Britishness”?

黒人コミュニティーから人種混合コミュニティーへ

暴動が起きた一九八〇年代の幕開け以来、イギリスは大方には気づかれないまま黒人移民の第二波を経験していた。この新たな流入の主力となったのは、第一波の開始を示した、第一世代の西インド諸島人を乗せたウィンドラッシュ号のようなはっきりした象徴はないものの、ガトウィックやヒースローの空港にアフリカから静かに到着し続けたアフリカ人である。ナイジェリアやガーナから、求職や留学のため、あるいは家族との合流のために到来したし、ソマリア、ジンバブエ、スーダンからは多くは避難民としてやって来た。大西洋奴隷貿易の時代以降、おそらくはじめて、黒人の過半数が南北アメリカ大陸のどこかからではなく、アフリカから直接来始めたのである。

これは西インド諸島人の第一世代と第二世代以外の第三のアフリカ系イギリス人のカテゴリー、端的にアフリカ人とも言える集団である。西インド諸島人の第二世代は、イギリスで生まれたがためにアイデンティティーないし強い絆を実感できる国がイギリス以外になかった。したがって先に触れたように、入移民としての部外者意識を持ったり排除を受け入れたりする意図もなかった。この第三のアフリカ系イギリス人は一九八〇年以降に直接アフリカからやって来たために、第二世代とは滞在の時期も地理的出自も異にした。それどころか、第二世代がイギリスで受けて反発した、様々な形態で残存していた人種主義も経験していなかった。

しかし、アフリカから直接来たアフリカ人と西インド諸島人の第二世代は共通する点もあった。その一つは、異人種間の交際や結婚である。まずは西インド諸島人の第二世代に限ると、二〇〇一年以後のある調査では、「イギリス生まれの黒人系カリブ人」の男性の四〇％はイギリス生まれの白人のパートナーがいる。黒人と白人のこのような関係に寛容な態度は、このマイノリティーがゲットー化していないことから生まれている。[1] その後の二〇一六年時点の結婚統計でも、カリブ海諸島出自の男性のうち四八％が、カリブ海諸島出自の女性のうち三四％が、異なる民族・人種集団の人をパートナーとしている。これは、おそらく現代のどの入移民集団よりも融合や同化に成功してきた西インド諸島入移民家族の驚くべき能力である。

こうしたデータを冷ややかに見ているのが著名な人口動態史家のエマニュエル・トッドであった。トッドは、一九九四年の著書で、同様なデータをもとに、イングランドにおいては「白人」と「黒人」との間の婚姻率が高いことを認めつつも、それが「高レベルであるということから楽観的展望を引き出してはいけない」としている。その理由は、白人と黒人の間の異人種婚はこの国の労働者階級のレベルに出現するだけで、白人女性と結婚した黒人男性もイングランド社会一般に参入するのではなく、その中の最下層に入るだけ、「吸収」されてしまうだけだからである。そこには階級のアイデンティティーによって、白人としてのアイデンティティーという観念から解放された人間が多く存在するからである。[2]

白人女性と結婚した黒人男性は社会の最下層に吸収されてしまうとの行く末に対して、むしろ結婚を通じて、その配偶者の親類・親戚を家族のネットワークに引き入れていること、すなわちトッドの重視するイングランドの「単婚小家族」以外にも視野を広げているのが長期的な視野で在英黒人史を描いた歴史家の一人で、本書でも大いに依拠しているデイヴィッド・オルソガである。西インド諸島人はいまや、結婚した白人女性や白人男性ばかりか、その係累である数百万人もの白人のイギリス人をコミュニティーのネットワークに引きずり込み、異なるエスニシティの配偶者や親子で世帯を構成している。いまや黒人のみからなる「黒人コミュニティー」よりも白人を巻き込んだ「人種混合コミュニティー」がより重視されるようになっているのである。[3]

その根拠の一つを提供するのは、イギリスで一〇年ごとに行われる国勢調査である。ここで、西インド諸島人とアフリカ人の二つのカテゴリーを国勢調査の数字から見ていくと、二〇世紀から二一世紀への変わり目には西インド諸島人はなお連合王国の黒人人口の多数派を占めていた。しかし、二〇一一年の国勢調査が明らかにしたように、二〇〇一年から一一年の間にアフリカ系イギリス人人口は移民と自然増加の両方によって倍増した。この移民と自然増加の両方の主力となったのは、西インド諸島人ではなくアフリカから直接この国に来たアフリカ人であった。

その一〇年後のトッドとオルソガの両者も触れられなかった二〇二一年のイングランドとウェールズにおける国勢調査では、さらにこの傾向が深められた。二一年の当調査では、イギリス黒人は「黒人、黒人のイギリス人、黒人のウェールズ人、カリブ人ないしアフリカ人（Black, Black British, Black Welsh, Caribbean or African）」というカテゴリーとなっており、一〇年間で五〇万人増えている。この内訳のうち「アフリカ人」の比率が全体のおよそ二・五%ともっとも高くなっている上に、人数も増えている。一方、「カリブ人」は前回から割合（一・〇％）と人数を若干ながら落としている。「人種混合コミュニティー」が存在する可能性の一つの根拠となるのは、「異人種間に生まれた人びとないし多エスニック集団（Mixed or Multiple ethnic groups）」の項目である。それは一七〇万人で一〇年間で五〇万人増えている。この集団の内訳のうち「白人と黒人のカリブ人を親にもつ人びと」は全体のおよそ〇・九％であり、割合と人数がもっとも高いのはこのカリブ人との組み合わせである。人種混合がより進んでいるのは依然としてこのカテゴリーである。「白人と黒人のアフリカ人を親にもつ人びと」はおよそ〇・五％である。アフリカ人との組み合わせはカリブ人との組み合わせより低いものの、この二つのカテゴリーは人種混合において共通点を持つ。[4]

イギリスらしさを担う黒いイギリス人

直近の二〇二四年七月のイギリス総選挙の争点にまでなったのが、中東などから小型ボートで来る不法入国者を東アフリカのルワンダに送還する計画である。不法入国者は二二年に約四万六〇〇〇人となり、難民認定には時間がかかるために彼らの膨大な滞在費が政府にのしかかった。ルワンダ送還計画はその解決策である。

「私は移民の子どもだ。英国はすばらしい国で、チャンスと希望と安全を与えてくれる。ただ、私の家族は合法的にここに来た」とインド系移民の子供であるスナク首相（当時）は送還対象となる移民たちの不法性を強調した。[5] 総選挙での敗北とともにこの強制送還策も消えたが、本書でも見たようにこうした入移民の海外送還の実行や計画は歴史上繰り返し見られたもので、今日ですら消え去ろうとはしていない。
もう一つ消え去ろうとしないのは、本書でも言及した、とくに戦争時の戦闘能力をめぐって黒人の劣等性や人種差別が「科学」の名を語って正当化されてきたことである。ホロコーストを経た第二次世界大戦後になってもこうした疑似科学は、あの手この手で引きも切らずに出現して、二一世紀の今でも少なからぬ影響力を持っている。[6]

ただ、以上で確認したように、今日、イングランドとウェールズの黒人人口は上記の二〇二一年の国勢調査によると二四〇万人で全体の四・〇%であり、一一年の数字である一九〇万人、全体の三・三%を超えている。一九四八年に黒人のロンドン居住者はせいぜい数千人だったことに鑑みれば、この数字は規模と速度ともに史上空前となっている。この背後には、異人種間の交際や結婚を通じてできた、少なくとも一四〇万世帯、おそらく数百万人以上もの白人のイギリス人の係累の存在がある。人種混合の子供たちには、さらに父母を通じていとこ、祖父母、おば、おじがいて、このような数百万人以上もの白人のイギリス人は在英黒人の物語の一部となっている。

一九六〇年代にアメリカのリベラルの楽観主義者が予言した「人種のるつぼ」はニューヨークやシカゴにも出現し損なったとしたら、いまやロンドンが上記の「人種混合コミュニティー」すなわち多様な民族から構成されかつ人種が混合するモデル都市となっている。これを可視化する一つが「ブラウン・ベビー」である。すでに見たように第二次世界大戦期に黒人米兵との間にできたブラウン・ベビーは奇異の目で見られ社会の顰蹙（ひんしゅく）も買った。戦後になってもブラウン・ベビーを抱えた白人と黒人のカップルの存在は、一九五〇年代の街路で人種暴動に火をつけたし、六〇年代の新聞ではスキャンダルの種となっていた。

白人と黒人のカップル、ないしその子供は、第二次世界大戦期や戦後ばかりか、本書で見てきたように、第一次世界大戦後の一九一九年の人種暴動の原因の一つになったし、さらに一八世紀までさかのぼると、逃亡奴隷の連れとして、またシエラレオネ移送船の乗船名簿に見えた。さらには劇中のイメージながら、シェイクスピアの『オセロー』にも出現していた。

ただこうした交際や結婚について、彼ら彼女らがどのように思っていたか、その多くは、直接表現されたものではなく、公文書や文学作品の陰に隠れる形でしか発見されない。しかし、歴史貫通的に見られたこの事象に、本書を通じて注目したのは、彼ら彼女らの思いは諸個人の主体性に基づくものであり、それらはほぼ史料には残らないものの間接的ながらたしかに後世に伝わって、歴史家により彼らが存在した証とされることもあるからであった。

むろん今日でも白人と黒人のカップルやその子供に対するヘイトや反発は消え去ろうとはしない。移民研究の社会学者と当の西インド諸島移民との共通の見解は、一九五〇年代から九〇年代を通じてこの国が三つに分裂していたとのことであった。すなわち、全人口の三分の一は「有色人」との「接触」や「意思疎通」をはじめ異人種間の結婚に激しく反対する「極端な偏見の持ち主」、中間にいる三分の一は黒人移民に対して「穏健な敵対心」を抱く人びと、最後に残った三分の一は人種主義的な見解を持たない「単に良き、普通の人びと」である。[7]

こうした分裂状況、とくに三分の一を占めた極端な偏見の持ち主の存在はおそらく今日ですら消え去ろうとはしていない。ただ、これは残りの三分の二はそうではないことを示す。現に一九五〇年代半ば時点で、残りの三分の二に該当する六二%のイギリス人は異人種間の結婚は構わない、いいと思っていたという社会学者の発見があった。[8] 同じ社会学者による後の研究は、異人種間結婚には構わないどころか、積極的に賛成していた多くの人がいたことも示唆した。

二一世紀の今日でこうした異人種間混合に対するイギリス人の心性に関する包括的な数量データがあるわけではない。したがって、異人種間混合の人口データが上昇していることはたしかだが、異人種間混合は構わないと考える人びとも増えているかどうかについては今のところ判断できない。異人種間混合がこれまでの黒人への態度が深いところから変化を遂げる契機となるとか、はたまた人種混合のイギリス人がイギリスの自己イメージの新たな規範、不可欠な一部となるとの観測についても裏付けがないので、楽観視はむろん判断を下すこともできない。

ただ今一度、黒人側の視点や主体性に立ち戻ると、在英黒人とアフリカ人移民が白人を主とする全国民を自分たちの文化と音楽に呼び込んでいることは言えよう。文化の持つ、階級の壁を突破していく浸透力はおそらく労働者階級を超えて広がっている。スポーツ、音楽、映画、ファッションなどを通じて、在英黒人は、新たな文化的国民的アイデンティティーの旗手となっている。これを可視化した一つは、全世界に放映された、二〇一二年のロンドン・オリンピック開会式である。ウィンドラッシュ号の縮小模型を担いで練り歩く彼らは、イギリスが自信満々に表明することに成功したグローバル化された「イギリスらしさ（Britishness）」の担い手そのものだ。

この開会式の冒頭では産業革命以前からの歴史がオペラ仕立てで描かれ、労働者、女性参政権運動家、ビートルズの「サージェント・ペパーズ・ロンリー・ハーツ・クラブ・バンド」やチェルシー年金受給者の服装をした人びとなど、イギリス近現代史の代表的な出来事や人びとを示す出し物がスタジアムを周回していた。ウィンドラッシュ号の模型はこうしたこの国の歴史的な遺産のパレードの出し物の一つだった。

開会式総監督のダニー・ボイルの意図なのか、グレート・オーモンド・ストリート小児病院を舞台にした国民保健サービスの大々的な紹介のシーンをはじめ、歩く人、歌う人、踊る人など、登場人物には非白人の大人と子供があちこちに配置されていた。六〇年前の祖先に扮した一団の二一世紀の黒人のロンドンっ子たちも、ウィンドラッシュ号でやってきた祖先が到着時に身を包んでいたダブダブのスーツと帽子、革のスーツケースを持って練り歩いた。[9] ということは、ウィンドラッシュ号もこれら一連の歴史上の象徴的・代表的な遺産の一つとして、また「イギリスらしさ」を担う一つとして世界に提示されたことを意味する。

ロンドン・オリンピック大会の開会式に登場したエンパイア・ウィンドラッシュ号。2012年。Olusoga, *Black*, p.64.

競技が開始されてからも、ボクシングや七種競技、陸上競技などで、ジャマイカやアフリカからの移民やその子供の選手が金メダルを獲る大活躍により注目を浴びた。中でも五〇〇〇メートル、一万メートルで金メダルを獲得したソマリア生まれのモハメド・ファアラーは一躍オリンピックのスターとなった。彼は、二〇一六年のリオ五輪でも同種目で金メダルを獲得し、計四つの金メダルを持つ国民的英雄となった。その後、彼は二二年に、九歳でアフリカから飛行機に乗せられて不法にイギリスに連れてこられ、家事使用人として働かされたことを明らかにした。[10]

以上より、長いこと切り離されていた「黒人性（blackness）」と「イギリスらしさ（Britishness）」が結合した「黒いイギリス人（Black British）」という言葉は、上記の二一年の国勢調査で新たに設けられた民族・人種集団のカテゴリーの中にも登場している。黒いイギリス人は、黒人人口の増大、異人種間の結婚、文化・スポーツ面での活躍により、いまや違和感なく語られ、世界中に可視化され、日常にも溶け込んでいるといってもよかろう。

あとがき

本書の脱稿後もイギリスでは移民関連の事件が相次いだ。二〇二四年七月末、リヴァプール近くのサウスポートで一七歳の少年が少女三人を刺殺した事件が起きた。犯人は実際はルワンダ出身の両親を持つウェールズ生まれだったにもかかわらず、SNS上には、イギリスに着いたばかりの移民であるとかイスラム教徒だとの誤情報が流れ、たちまち拡散した。これを受けて、七月末から中部タムワースなどイギリス各地で「反移民」「反イスラム教」を主張する大規模な暴動が起き、八月中旬までに一〇〇〇人以上が逮捕された（『朝日新聞』、二〇二四年九月六日）。

七月の総選挙で歴史的な大敗を喫した保守党の新たな党首には、ナイジェリア出身の両親のもとロンドンに生まれた四四歳のケミ・ベーデノックが一一月二日に選出された。党首選びの力点となり選出のポイントにもなったのは移民問題であり、彼女は保守党内でも「強硬派」として知られ、移民政策に影響を及ぼす欧州人権条約からの離脱も今後の選択肢に入れるなど、移民の受け入れには消極的である（『朝日新聞』、二〇二四年一〇月四日、一一月三日）。移民問題はイギリスに限らず、アメリカでもヨーロッパ各国でも今後の政治的な趨勢に深刻な影響を及ぼす問題となっている。

イギリス国内を超えた場面では、コモンウェルス（イギリス連邦）の首脳会議が太平洋のサモアで開催され、一〇月二六日には過去の奴隷貿易、奴隷制に対する賠償について「対話をする時がきた」とする歴史的な共同声明を発表した。ただし、ロンドンの首相官邸はこの首脳会議前に、賠償は議題にならないと強調しており、この後、政権がとる対応が焦点となっている（『朝日新聞』、二〇二四年一〇月二八日）。

以上の暴動の背景にあった反移民感情は今に始まったことではなく、奴隷貿易、奴隷制への賠償問題を含めて、少なくとも過去数百年にさかのぼって考えてみることが、今こそ必要なことを改めて思い知らされた。

*

「黒いイギリス人」という言葉に初めて接したのは、木畑洋一『支配の代償――英帝国の崩壊と「帝国意識」』（東京大学出版会、一九八七年）においてである。その言葉の持つ強烈なインパクトと同時に、この「黒いイギリス人」という「内にとりこまれた帝国問題」への対処はこれから先、二一世紀のイギリスの命運をかけた問題の一つとなる、との大きな課題の提起も記憶に残った。

その後、木畑洋一編著『大英帝国と帝国意識――支配の深層を探る』（ミネルヴァ書房、一九九八年）への寄稿者の一人となり、上記課題に参加できたし、平田雅博『内なる帝国・内なる他者――在英黒人の歴史』（晃洋書房、二〇〇四年）という自著まで刊行するに至った。

この自著の執筆にもっとも参考になった本が、ピーター・フライヤー（Peter Fryer）の *Staying Power: The History of Black People in Britain*, Pluto Press, 1984. であり、数次にわたる渡英時の文献

調査に常に携行した。再版や復刊が出るごとに幾度も買い改めた。

世代が代わり、このフライヤーの著書がはじめて自分の小遣いで買った本だったと著書に記したのは、オルソガである（David Olusoga, *Black and British: A Forgotten History*, Macmillan, 2016.）。今回、フライヤーからオルソガまでの三〇年ほどで進展した研究の成果を取り込み、私の前著では欠如していた時代を埋め合わせてくれたのも、この著書である。

もう一人本書のタイトルに着想をいただいているのは、『英国ユダヤ人――共生をめざした流転の民の苦闘』（講談社選書メチエ、一九九五年）、および『英国ユダヤ人の歴史』（幻冬舎新書、二〇二一年）の著者、佐藤唯行氏である。佐藤唯行氏とは大学院入学の同期であり、「英国ニグロとはいいところに目を付けた」と、このテーマに「萌芽」的な関心を抱き、文献も集め始めた一九八〇年代前半ごろの雑談の折に言われたことがあった。

また浜林正夫先生に前著を送ったところ、「在英黒人の歴史とは、何といいましょうか、やられたとの思いでした」とのお返事をいただき、その後に浜林正夫『ナショナリズムと民主主義』（大月書店、二〇〇六年）に引用してももらった。

「いいところに目を付けた」「やられたとの思い」との感想はいただいたものの、「黒いイギリス人」とはしょせんマイノリティーにすぎない。ただこうした歴史の片隅に残された、貧民、先住民などの「権力なき人びと」といったいわば歴史の「断片」ですら、日の当たる機会はある。あるグローバル・ヒストリアンが言うように「すべての歴史は、「断片」の歴史でさえも、潜在的には普遍的な歴史でありえる」（C・A・ベイリ『近代世界の誕生――グローバルな連関と比較 1780－1914』上・下、平田雅博・吉田正広・細川道久訳、名古屋大学出版会、二〇一八年、一二頁）のである。

浜林先生はイギリス革命史研究やジョン・ロック研究という「大きな物語」に取り組んだ歴史家ではあったが、浜林正夫『魔女の社会史』（未来社、一九七八年）および浜林正夫、井上正美『魔女狩り』（教育社歴史新書、一九八三年）では迫害された女性という「断片」にも並々ならぬ関心を抱いていた。「大きな物語」と「断片」は両立していた。

同じことは、遅塚忠躬（ちづかただみ）先生にも言えよう。フランス革命史を研究し『史学概論』（東京大学出版会、二〇一〇年）も著した戦後歴史学でももっとも「大きな物語」に取り組んだ歴史家ながら、ブローデル『地中海』の講読では構造史への関心と並行させて微に入り細を穿つような日常茶飯事に関心を寄せたし、遅塚忠躬『ヨーロッパの革命』（《ビジュアル版》世界の歴史、講談社、一九八五年）の人口動態史のところで出てくる「寝室の秘密」である「避妊」方法について、男子（しかいなかった）院生に問い詰めていた。

ただ、長年の友人でいてくれた佐藤氏、非公式の形で院ゼミへの参加を許していただいた浜林先生、そして師と仰いだ遅塚先生の三人とも亡くなっており、出来上がった本書をお送りして感想などを伺ってみる機会は永遠に失われた。

最後に講談社の編集者、校閲者への謝辞を申し上げたい。前回同様、今回も担当していただいた選書メチエ編集部の梶慎一郎氏は、こうしたきわめてマイナーなテーマに理解を示してくれた上に、構成の示唆ばかりか細部にわたる詳細な指摘をしてくれた。最終段階では、校閲者に徹底的なチェックをしていただいた。

二〇二五年一月五日

平田雅博

注

はじめに

1 フィリッパ・スチュワート『イギリス少数民族史』山岸勝榮、日野寿憲訳、こびあん書房、一九八八年(原著はPhilippa Stewart, *Immigrants*, B. T. Batsford, 1976.)、「訳者あとがき」。

2 富岡次郎『現代イギリスの移民労働者——イギリス資本主義と人種差別』明石書店、一九八八年、「あとがき」、六七〇〜六七一、六七三頁。

3 「英王室が向き合う奴隷制の歴史」『朝日新聞』二〇二三年六月一七日、夕刊。

序章

1 David Olusoga, *Black and British: A Forgotten History*, first pub., Macmillan, 2016, paperback pub., Pan Books, 2017, p.xvii.

2 木畑洋一『支配の代償——英帝国の崩壊と「帝国意識」』東京大学出版会、一九八七年、第六章「「黒いイギリス人」とイギリス社会」、一七三頁。

3 デイヴィッド・エルティス、デイヴィッド・リチャードソン『環大西洋奴隷貿易歴史地図』増井志津代訳、東洋書林、二〇一二年。

4 https://www.bbc.com/news/uk-wales-politics-68605899

5 星野ルネ「僕の物語で、概念広げたい」『朝日新聞』二〇二四年四月一〇日。

6 遅塚忠躬『史学概論』東京大学出版会、二〇一〇年。

第1章

1 Peter Fryer, *Staying Power: The History of Black People in Britain*, Pluto Press, 1984, p.1.

2 リンダ・コリー『イギリス国民の誕生』川北稔監訳、名古屋大学出版会、二〇〇〇年、一頁。

3 Olusoga, *Black*, pp.32-33. なお、その後のDNA分析では、彼女はイーストボーンで育ったものの、彼女の祖先は南ヨーロッパ、おそらくキプロスにあると結論付けられた。Jo Seaman, "The mystery of Beachy Head Lady", *Museum Crush* (23 August 2022) (https://museumcrush.org/the-mystery-of-beachy-head-lady-a-roman-african-from-eastbourne/)

4 Hella Eckardt, *Objects and Identities: Roman Britain and the North-Western Provinces*, Oxford University Press, 2014, p.86.

5 RPB [Richard Paul Benjamin], 'Roman Britain', in David Dabydeen, John Gilmore and Cecily Jones, eds., *The Oxford Companion to Black British History*, Oxford University Press, 2007, pp.421-422.

6 Eckardt, *Objects*, p.74; Fryer, *Staying*, p.1.

7 Edith Bruder, *The Black Jews of Africa: History, Religion, Identity*, Oxford University Press, 2008, p.25.

8 Fryer, *Staying*, p.2, 14.

9 ジョン・マンデヴィル『東方旅行記』大場正史訳、東洋文庫、平凡社、一九六四年。ジョン・マンデヴィル『マンデヴィルの旅』大手前女子大学英文学研究会訳、福井秀加、和田章監訳、英宝社、一九九七年。

10 Iain Macleod Higgins, *Writing East: The 'Travels' of Sir John Mandeville*, University of Pennsylvania Press, 1997, pp.9-12.

11 ジャン・ドリュモー『地上の楽園』西澤文昭、小野潮訳、新評論、二〇〇〇年、第四章「プレスター・ジョンの王国」。

12 Olusoga, *Black*, pp.40-45.

13 Harry Kelsey, *Sir John Hawkins: Queen Elizabeth's Slave Trader*, Yale University Press, 2003, p.31.

14 Gustav Ungerer, *The Mediterranean Apprenticeship of British Slavery*, Editorial Verbum, 2008.

15 Olusoga, *Black*, pp.51-52.

16 Imtiaz Habib, *Black Lives in the English Archives, 1500–1677: Imprints of the Invisible*, Ashgate, 2008.

17 Miranda Kaufmann, *Black Tudors: The Untold Story*, Oneworld, 2017.

18 Miranda Kaufmann, 'Blanke, John (fl. 1507–1512)', *Oxford Dictionary of National Biography*, Oxford University Press, Sept. 2014.

19 MK［Miranda Kaufmann］, 'Tudor Britain', in Dabydeen et al., eds., *The Oxford*, p.487.

20 Ania Loomba and Jonathan Burton, eds., *Race in Early Modern England: A Documentary Companion*, Palgrave Macmillan, 2007, p.136.

21 The National Archives (TNA), Tudor Royal Proclamations, vol. 3, pp.221-222 (ca. January 1601).

22 Miranda Kaufmann, 'Caspar van Senden, Sir Thomas Sherley and the "Blackamoor" Project', *Historical Research*, vol. 81, no.212 (May 2008), pp.366-371.

23 以下の引用はすべて小田島雄志訳『オセロー』白水Uブックス、一九八三年、からである。一四〜一六、四八頁。

24 Fryer, *Staying*, pp.135-136; Winthrop D. Jordan, *White over Black: American Attitudes towards the Negro, 1550–1812*, University of North Carolina Press, 1968, p.28; Charles H. Lyons, *To Wash an Aethiop White: British Ideas about Black African Educability, 1530–1960*, Teachers College Press, 1975, p.13. サンダー・L・ギルマン『「性」の表象』大瀧啓裕訳、青土社、一九九七年。

25 Michael Guasco, *Slaves and Englishmen: Human

Bondage in the Early Modern Atlantic World, University of Pennsylvania Press, 2014, p.105.

26 G. K. Hunter, *Dramatic Identities and Cultural Tradition: Studies in Shakespeare and His Contemporaries: Critical Essays*, Liverpool University Press, 1978, p.29.

27 Olusoga, *Black*, pp.64-65.

28 Hilary McD. Beckles, 'The 'Hub of Empire': The Caribbean and Britain in the Seventeenth Century', in Nicholas Canny, ed., *The Origins of Empire: British Overseas Enterprise to the Close of the Seventeenth Century* (*The Oxford History of the British Empire*, v. 1), Oxford University Press, 1998, Table 10.1, p.224, pp.224-226.

29 Richard S. Dunn, *Sugar and Slaves: The Rise of the Planter Class in the English West Indies, 1624-1713*, University of North Carolina Press, 2000, originally published in 1972, p.240.

30 Jeremy Black, *The Atlantic Slave Trade in World History*, Routledge, 2015, p.46.

31 Dunn, *Sugar*, p.240.

32 Olusoga, *Black*, pp.70-71.

33 D'Maris Coffman, Adrian Leonard and William O'Reilly, eds., *The Atlantic World*, Routledge, 2014, p.446; Olusoga, Black, pp.72-73.

34 Coffman et al., eds., *The Atlantic World*, p.448; William A. Pettigrew, *Freedom's Debt: The Royal African Company and the Politics of the Atlantic Slave Trade, 1672-1752*, University of North Carolina Press, 2013, p.25.

35 Pettigrew, *Freedom's Debt*, p.11.

36 James A. Rawley with Stephen D. Behrendt, *The Transatlantic Slave Trade: A History*, University of Nebraska Press, 2005, p.139.

37 Coffman et al., eds., *The Atlantic World*, p.448.

38 Rawley with Behrendt, *The Transatlantic*, p.139.

39 Pettigrew, *Freedom's Debt*, p.11.

40 Olusoga, *Black*, pp.74-76.

41 Olusoga, *Black*, p.519.

第2章

1 Fryer, *Staying*, p.18.

2 Olusoga, *Black*, p.76.

3 Norma Myers, *Reconstructing the Black Past: Blacks in Britain 1780-1830*, F. Cass, 1996, p.19. D・ダビディーン『大英帝国の階級・人種・性――W・ホガースにみる黒人の図像学』松村高夫、市橋秀夫訳、同文舘、一九九二年、一八頁。

4 James Walvin, *Black and White: The Negro and English Society 1555-1945*, Allen Lane the Penguin Press, 1973, p.46.

5 *The Gentleman's Magazine*, October 1764, p.493.

6 Myers, *Reconstructing*, p.20; F. O. Shyllon, *Black People in Britain, 1555-1833*, Oxford University Press, 1977, p.102; S. Drescher, *Capitalism and Antislavery*, Macmillan, 1986, p.28.

7 Myers, *Reconstructing*, p.31.

8 F. O. Shyllon, *Black Slaves in Britain*, Oxford University Press, 1974, p.27.

9 Shyllon, *Black Slaves*, pp.24-37, 154-164.

10 Douglas A. Lorimer, 'Black Slaves and English Liberty: A Re-examination of Racial Slavery in England', *Immigrants and Minorities*, Vol. 3, No. 2, July 1984.

11 Olusoga, *Black*, p.95.

12 Paul E. Lovejoy, *Transformations in Slavery: A History of Slavery in Africa*, Cambridge University Press, 1983, p.9, 18, 20, 108.

13 I・ウォーラーステイン『近代世界システム 一七三〇〜一八四〇s、大西洋革命の時代』川北稔訳、名古屋大学出版会、一九九七年、一六八、一七〇、一八四〜一八六頁。

14 *Runaway Slaves in Britain: Bondage, Freedom and Race in the Eighteenth Century* (https://www.runaways.gla.ac.uk/database/table/) Browse/search the database (v.1.4-12.12.19). 以下の新聞名、項目、記述内容はすべてここから採取している。

15 Kathleen Chater, *Untold Histories: Black People in England and Wales during the Period of the British Slave Trade c.1660-1807*, Manchester University Press, 2009, p.93.

16 Thomas Clarkson, *The History of the Rise, Progress and Accomplishment of the Abolition of the African Slave-Trade by the British Parliament*, Longman, 1st ed.1808, Frank Cass, new impression 1968, I, pp.65-66.

17 主人側のデータや逃亡奴隷の他の項目を含む検討については、以下を見ていただきたい。平田雅博「一八世紀イギリス逃亡奴隷データベース分析」『青山史学』第四一号、二〇二三年。

18 Felicity A. Nussbaum, *The Limits of the Human: Fictions of Anomaly, Race and Gender in the Long Eighteenth Century*, Cambridge University Press, 2003, p.167.

19 Olusoga, *Black*, p.99.

20 Patrick Hanks & Flavia Hodges, *A Dictionary of First Names*, Oxford University Press, 1990.

21 『ランダムハウス英和大辞典』第二版、小学館、一九九三年。

22 'Fielding's Penal Laws of London', 1768, in *The Retrospective Review*, vol. XII, ed. by Henry Southern and Sir Nicholas Harris Nicolas, Pickering & Chatto, 1997, reprint ed.: originally published: Charles and Henry Baldwyn, 1825, p.221.

23 オラウダ・イクイアーノ『アフリカ人、イクイアーノの生涯の興味深い物語』久野陽一訳、研究社、二〇一二年、二九六頁。
24 Olusoga, *Black*, pp.98-99.
25 Olusoga, *Black*, p.80.

第3章

1 Olusoga, *Black*, pp.147-151.
2 Fryer, *Staying*, pp.191-192.
3 Herbert Aptheker, *The Negro in the American Revolution*, International Pub., 1940, pp.16-21; Benjamin Quarles, *The Negro in the Making of America*, Collier Books, 1964, pp.53-56.
4 TNA: AO 12/47, pp.117-120; AO 12/99, p.82, 3 Sept., 1783, p.163, 353, 354, 1 Sept., 1783; AO 12/100, p.25, 74, 17 Nov., 1783, p.91, 1 Dec. 1783, p.155, 30 Nov., 1783; AO 12/100, p.129, 5 Feb. 1784; AO 13/24, p.227; AO 13/29, p.156; AO 13/93.
5 Ellen G. Wilson, *The Loyal Blacks*, Capricorn Books, 1976, pp.138-139.
6 M.B. Norton, 'The Fate of Some Black Loyalists of the American Revolution', *The Journal of Negro History*, Vol. 58, 1973, p.404.
7 Olusoga, *Black*, p.158, 161.
8 Shyllon, *Black People*, p.124.
9 Stephen J. Braidwood, 'Initiatives and Organisation of the Black Poor 1786-1787', *Slavery and Abolition*, Vol. 3, no. 3, 1982, pp.214-215.
10 TNA: T 29/57, p.390, 1 June 1786; T 1/631, pp.135-136, p.178, 17 May 1786; T 1/632, p.108, 7 June 1786, 14 June 1786, p.363, 16 June 1786, 7 June 1786, p.360, 28 June 1786, 3 July 1786, 12 July 1786; T 1/633, 15 July 1786, 26 July 1786; T 1/634, 28 July 1786, p.8, 31 July 1786.
11 Braidwood, 'Initiatives', p.218; Stephen J. Braidwood, *Black Poor and White Philanthropists: London's Blacks and the Foundation of the Sierra Leone Settlement 1786-1791*, Liverpool University Press, 1994, p.85.
12 Seymour Drescher, *The Mighty Experiment: Free Labor Versus Slavery in British Emancipation*, Oxford University Press, 2002, p.91.
13 川北稔『民衆の大英帝国――近世イギリス社会とアメリカ移民』岩波現代文庫、二〇〇八年、一九九〜二一五頁。
14 Fryer, *Staying*, p.197.
15 Norton, 'The Fate', pp.416-417.
16 Douglas A. Lorimer, 'Black Resistance to Slavery and Racism in Eighteenth-Century England', in Ian Duffield and J.Gundara eds., *Essays on the History of Blacks in Britain: from Roman Times to the Mid-*

Twentieth Century, Avebury, 1992, pp.74-75.
17 Braidwood, *Black Poor*, p.93.
18 Christopher Fyfe, *A History of Sierra Leone*, Oxford University Press, 1962, p.16.
19 Olusoga, *Black*, p.171.
20 Adam Hochschild, *Bury the Chains: Prophets and Rebels in the Fight to Free an Empire's Slaves*, Houghton Mifflin, 2005, p.152.
21 イクイアーノ『アフリカ人』、二八二〜二九〇頁。
22 Olusoga, *Black*, pp.176-177.
23 Anna Maria Falconbridge, 'Two Voyages to Sierra Leone, during the Years 1791-2-3', in C.B. Wadström, *An Essay on Colonization*, 1968, reprint (originally published: printed for the author, 1794), p.22.
24 Simon Schama, *Rough Crossings: Britain, the Slaves and the American Revolution*, Ecco, Harper Perennial, 2006, p.193.
25 Myers, *Reconstructing*, pp.126-127.
26 Prince Hoare, *Memoirs of Granville Sharp, esq.: Composed from His Own Manuscripts, and Other Authentic Documents in the Possession of His Family and of the African Institution*, Henry Colburn and Co., 1820, pp.177-178, 317.
27 Hochschild, *Bury*, pp.202-204, 206.
28 John Peterson, 'The Enlightenment and the Founding of Freetown', in Ch. Fyfe and E. Jones,eds., *Freetown: a Symposium*, Sierra Leone University Press, 1968, pp.16-17; N. A. Cox-George, *Finance and Development in West Africa: The Sierra Leone Experience*, Dennis Dobson, 1961, pp.39-52.
29 British Parliamentary Papers (B. P. P.), *Report from the Select Committee on Papers Relating to the African Forts*, 1801-2 (100), Vol. II, p.13.
30 Richard Price ed., *Maroon Societies: Rebel Slave Communities in the Americas*, Johns Hopkins University Press, 1979, third ed. 1996, Part 5.
31 Robert R. Kuczynski, *Demographic Survey of the British Colonial Empire*, Vol. I, West Africa, Oxford University Press, 1948, rep. 1977, pp.86-88; Leo Spitzer, *The Creoles of Sierra Leone: Responses to Colonialism, 1870-1945*, University of Wisconsin Press, 1974, p.10, n. 1.
32 B. P. P., *Report*, 1801-2 (100), p.11.
33 Kuczynski, *Demographic Survey*, p.89.
34 B. P. P., *Report*, 1801-2 (100), p.21.
35 Peterson, 'The Enlightenment', pp.10-13.

第4章

1 James Walvin, *A Short History of Slavery*, Penguin, 2007, p.152.
2 コリー『イギリス国民の誕生』、三七四頁。

3 Kenneth Morgan, *Slavery and the British Empire: From Africa to America*, Oxford University Press, 2007, p.168.

4 Gad Heuman, 'From Slavery to Freedom: Blacks in the Nineteenth-Century British West Indies', Philip D. Morgan and Sean Hawkins, eds., *Black Experience and the Empire, Oxford History of the British Empire, Companion Series*, Oxford University Press, 2004, pp.144-145, 147.

5 William A. Green, *British Slave Emancipation: The Sugar Colonies and the Great Experiment 1830-1865*, Clarendon Press, 1976, chap.5.

6 Heuman, 'From Slavery', p.150.

7 John Howard Hinton, *Memoir of William Knibb, Missionary in Jamaica*, Houlston and Stoneman, 1847, pp.261-262.

8 Morgan, *Slavery*, p.157.

9 コリー『イギリス国民の誕生』、三七一頁。

10 Fryer, *Staying*, pp.209-210; Seymour Drescher, *Capitalism and Antislavery: British Mobilization in Comparative Perspective*, Macmillan, 1986, pp.82-83.

11 Clare Midgley, *Women against Slavery: The British Campaigns, 1780-1870*, Routledge, 1992.

12 布留川正博『奴隷船の世界史』岩波新書、二〇一九年、一三七頁。

13 Anonymous [William Fox], *An Address to the People of Great Britain, on the Propriety of Abstaining from West-India Sugar and Rum* (10th ed.), Daniel Lawrence, 1792, pp.4-5.

14 Drescher, *Capitalism*, pp.78-79.

15 Hochschild, *Bury*, p.326.

16 Elizabeth Heyrick, *Immediate, Not Gradual Abolition*, J. Hatchard, 1824, pp.2-3, in Elizabeth Heyrick, Alexander McDonnell, *Pamphlets on West Indian Slavery*, Cambridge University Press, 2010.

17 マーカス・レディカー『奴隷船の歴史』上野直子訳、みすず書房、二〇一六年、九九、一一七頁。

18 Linda Colley, *The Ordeal of Elizabeth Marsh: A Woman in World History*, Pantheon Books, 2007.

19 Ottobah Cugoano, *Thoughts and Sentiments on the Evil of Slavery and Other Writings*, Penguin Books, 1999.

20 Hoare, *Memoirs*, p.374.

21 Olusoga, *Black*, pp.210-213.

22 B.P.P., *Fourth Report from the Select Committee on the Slave Trade*, 1847-48 (623), Vol. 22, p.4.

23 エルティス、リチャードソン『環大西洋奴隷貿易歴史地図』、二七四頁、「表9：アフリカから乗船した再捕獲者の10年毎のデータ（1808-1863）」。

24 Ch. Fyfe, 'Freed Slave Colonies in West Africa', in J. E. Flint, ed., *The Cambridge History of Africa*, Vol. 5, Cambridge University Press, 1976, p.181;

25 Fyfe, 'Reform in West Africa: the Abolition of the Slave Trade', J. F. Ajayi and M. Crowder, eds., *History of West Africa*, Vol. 2, Longman, 1974, p.43. ここでは省略する議会報告書の各種委員会名、提出年、引用頁等の詳細は以下を参照。平田雅博『内なる帝国・内なる他者——在英黒人の歴史』晃洋書房、二〇〇四年、第三章「シエラレオネを創った黒人たち」、九三〜一〇五、一〇八〜一一〇頁。

26 Kuczynski, *Demographic Survey*, pp.99-104, 107-109, 117-119, 120, 126-137, 139, 141-142.

27 TNA: CO 267/159, CO 267/175, CO 267/184, CO 267/200, 201; C. W. Newbury, *British Policy towards West Africa: Select Documents 1786-1874*, Clarendon Press, 1965, pp.181-183, 197-199, 201-202, 204-205, 208-210.

28 Paul Mmegha Mbaeyi, *British Military and Naval Forces in West African History, 1807-1874*, NOK Publishers, 1978, p.41.

29 Fyfe, 'Freed Slave Colonies', p.182.

30 Fyfe, 'Freed Slave Colonies,' pp.181-182; Fyfe, 'Reform', p.47.

31 Shyllon, *Black People*, pp.159-162; Walvin, *Black and White*, p.199. スチュワート『イギリス少数民族史』、五七頁。

32 パニコス・パナイー『近現代イギリス移民の歴史——寛容と排除に揺れた二〇〇年の歩み』浜井祐三子、溝上宏美訳、人文書院、二〇一六年、一五〇〜一五一頁。

33 Jan Marsh, ed., *Black Victorians: Black People in British Art 1800-1900*, Lund Humphries Pub Ltd., 2005.

34 Gretchen Holbrook Gerzina, ed., *Black Victorians/Black Victoriana*, Rutgers University Press, 2003, p.2.

35 井野瀬久美惠「女王は「帝国の母」だったのか？——サラ・フォーブズ・ボネッタの物語を中心に」、川本静子、松村昌家編著『ヴィクトリア女王——ジェンダー・王権・表象』ミネルヴァ書房、二〇〇六年。ウォルター・ディーン・マイヤーズ『サラの旅路——ヴィクトリア時代を生きたアフリカの王女』宮坂宏美訳、小峰書店、二〇〇〇年。

36 メアリー・シーコール『メアリー・シーコール自伝——もう一人のナイチンゲールの闘い』飯田武郎訳、彩流社、二〇一七年。

37 井野瀬久美惠『黒人王、白人王に謁見す——ある絵画のなかの大英帝国』山川出版社、二〇〇二年。

38 並河葉子「シエラレオネの黒人宣教師」指昭博編『「イギリス」であること——アイデンティティ探求の歴史』刀水書房、一九九九年。

39 Olsoga, *Black*, p.421.

40 Audrey A. Fisch, *American Slaves in Victorian England: Abolitionist Politics in Popular Literature*

and Culture, Cambridge University Press, 2000, chap.3.

41 Olusoga, *Black*, pp.260-268, 276, 345-365.

42 ハリエット・ビーチャー・ストウ『アンクル・トムの小屋——新訳』小林憲二訳、明石書店、二〇一七年、新装版。

43 富山太佳夫『おサルの系譜学——歴史と人種』みすず書房、二〇〇九年、「おサルの系譜学」。

44 吉本和弘『美しき汚れ——アーサー・マンビーとヴィクトリア朝期女性労働者の表象』春風社、二〇一五年。また以下も参照。Anne McClintock, *Imperial Leather: Race, Gender and Sexuality in the Colonial Contest*, Routledge, 1995. 以下はこの抄訳。アン・マクリントック「帝国の革ひも——人種・異装・家庭崇拝」村山敏勝訳、『思想』八八六～八八七、一九九八年。

45 エリック・ウィリアムズ『帝国主義と知識人——イギリスの歴史家たちと西インド』田中浩訳、岩波書店、一九七九年、一一六～一一七頁。

46 James Hunt, 'On the Negro's Place in Nature', *Memoirs Read before the Anthropological Society of London*, I (1863-64), pp.51-52.

47 ウィリアムズ『帝国主義と知識人』、第八章「イギリスの知識人とジャマイカ反乱」。

48 James Hunt, 'Address delivered at the Third Anniversary Meeting of the Anthropological Society of London', *Journal of the Anthropological Society of London*, 4 (1866), pp.lxxviii.

49 James Africanus Beale Horton, *West African Countries and Peoples*, 1868, Edinburgh University Press, 1969, reprint, originally published: W.J. Johnson, 1868, p.v.

50 Olusoga, *Black*, p.401, 406-407.

51 バーバラ・チェイス＝リボウ『ホッテントット・ヴィーナス——ある物語』井野瀬久美惠監訳、安保永子、余田愛子訳、法政大学出版局、二〇一二年。

第5章

1 Olusoga, *Black*, pp.443-444.

2 David Killingray, '"All the King's Men?" Blacks in the British Army in the First World War 1914–1918', in Rainer Lotz and Ian Pegg, eds., *Under the Imperial Carpet: Essays in Black British History 1780-1950*, Rabbit Press, 1986, pp.169-170, 174, 177-178.

3 PV [Phil Vasili], 'Tull, Walter Daniel John', in Dabydeen et al., eds., *The Oxford*, p.487.

4 Louise Ryan and Wendy Webster, eds., *Gendering Migration: Masculinity, Femininity and Ethnicity in Post-War Britain*, Ashgate, 2008, p.20.

5 Olusoga, *Black*, pp.428-429, 431.

6 Richard Smith, *Jamaican Volunteers in the First*

World War: Race, Masculinity and the Development of a National Consciousness, Manchester University Press, 2004, p.41.

7 Anne Spry Rush, *Bonds of Empire: West Indians and Britishness from Victoria to Decolonization*, Oxford University Press, 2011, p.122.

8 John Starling and Ivor Lee, *No Labour, No Battle: Military Labour during the First World War*, The History Press Ltd., 2009, p.237.

9 Killingray, ' "All the King's Men?" ', p.173, 175.

10 Rush, *Bonds of Empire*, p.121.

11 Smith, *Jamaican Volunteers in the First World War*, p.71.

12 Rush, *Bonds of Empire*, p.121.

13 Timothy C. Winegard, *Indigenous Peoples of the British Dominions and the First World War*, Cambridge University Press, 2012, p.98.

14 Major Darnley Stuart-Stephens, 'Our Million Black Army', *English Review*, October 1916, 以下に引用。Lothrop Stoddard, *The Rising Tide of Color Against White World-Supremacy*, Chapman and Hall, 1920, p.vi.

15 Dick van Galen Last and Ralf Futselaar, *Black Shame: African Soldiers in Europe, 1914–1922*, Bloomsbury USA Academic, 2015, p.43.

16 Greg Kennedy and Keith Neilson, eds., *Far-flung Lines: Studies in Imperial Defence in Honour of Donald Mackenzie Schurman*, Routledge, 2013, p.86.

17 David Killingray, 'The Idea of a British Imperial African Army', *The Journal of African History*, vol. 20, no. 3 (1979), pp.421-436.

18 Olusoga, *Black*, pp.446-447.

19 Jacqueline Jenkinson, ' "All in the Same Uniform"? The Participation of Black Colonial Residents in the British Armed Forces in the First World War', *The Journal of Imperial and Commonwealth History*, 40: 2 (2012), pp.207-230.

20 Olusoga, *Black*, pp.451-452.

21 Jacqueline Jenkinson, *Black 1919: Riots, Racism and Resistance in Imperial Britain*, Liverpool University Press, 2009, pp.39-44.

22 Jacqueline Jenkinson, 'The 1919 Race Riots in Britain: A Survey', in Lotz and Pegg, eds., *Under*, pp.182-207.

23 Elazar Barkan, *The Retreat of Scientific Racism: Changing Concepts of Race in Britain and the United States Between the World Wars*, Cambridge University Press, 1991, p.58; Susan Kingsley Kent, *Aftershocks: Politics and Trauma in Britain, 1918–1931*, Palgrave Macmillan, 2009, p.51.

24 Ray Costello, *Black Tommies: British Soldiers of African Descent in the First World War*, Liverpool

University Press, 2015, p.140; Killingray, ' "All the King's Men?" ', pp.180-181.

25 Laura Tabili, 'The Construction of Racial Difference in Twentieth-Century Britain: The Special Restriction (Coloured Alien Seamen) Order, 1925', *Journal of British Studies,* vol. 33 (January 1994), pp.54-98.

26 Olusoga, *Black,* p.466.

27 David Reynolds, *Rich Relations: The American Occupation of Britain 1942–1945,* Random House, 1995, tables, p.99, 103.

28 Graham Smith, *When Jim Crow met John Bull: Black American Soldiers in World War II Britain,* Tauris, 1987, p.192.

29 David Reynolds, 'The Churchill Government and the Black American Troops in Britain During World War II', *Transactions of the Royal Historical Society,* vol. 35 (December 1985), pp.113-133.

30 Olusoga, *Black,* p.486.

31 Marika Sherwood, *Many Struggles: West Indian Workers and Service Personnel in Britain, 1939–45,* Karia Press, 1985.

32 Smith, *When Jim,* pp.85-87.

33 TNA: CO 876/15, Constatine to Arnold Watson, 12 January 1943.

34 Fryer, *Staying,* pp.365-366.

35 Winston James, 'The Black Experience in Twentieth-Century Britain,' Philip D. Morgan and Sean Hawkins, eds., *Black Experience and the Empire, Oxford History of British Empire, Companion Series,* Oxford University Press, 2004, p.367.

36 TNA: PREM 4/26/4, Grigg Memorandum, 7 September 1942.

37 TNA: CAB 65/28, Cabinet conclusions, 13 October 1942.

38 TNA: CO 895/19/14, Kenneth Little, "Treatment of Colour Prejudice In Britain," to J. L. Keith, Colonial Office, n.d.

39 TNA: CO 876/14, Keith to Cranborne, 12 September 1942.

40 Smith, *When Jim,* p.85.

41 Smith, *When Jim,* pp.139-140, 142-150.

42 Deryk Wills, *Put on Your Boots and Parachutes!: Personal Stories of the Veterans of the United States 82nd Airborne Division from the Second World War,* Deryk Wills, 1992, pp.41-42; 'The Secret War on Our Streets,' *Leicester Mercury,* March 24 2004.

43 Smith, *When Jim,* p.45, 118, 124-125.

44 TNA: INF 1/292, "America", A. B. B. C. Listener Research Report on the Change in the State of British Public Opinion on the U. S. A. during 1942

and 1943, 17 Feb 1944, *Home Intelligence Weekly Report*, no.175.

45 TNA: FO 371/34123 A1609, Civilian (woman) at Marlborough, Wilts, 8 March 1943.

46 Sonia Orwell and Ian Angus, eds., *The Collected Essays, Journalism and Letters of George Orwell*, Secker & Warburg, 1968, Vol. II, p.321; Vol. III, 73, [3 Dec.,1944], p.154.

47 Smith, *When Jim*, p.119.

48 TNA: CAB 66/29, WP (42) 441, Notes on relations with coloured troops (Dowler's Notes), 7 August 1942; Ben Bousquet and Colin Douglas, *West Indian Women at War: British Racism in World War II*, Lawrence & Wishart, 1991, pp.175-177.

49 Paul B. Rich, *Race and Empire in British Politics*, Cambridge University Press, 1986, p.152.

50 Sonya O. Rose, *Which People's War?: National Identity and Citizenship in Wartime Britain 1939-1945*, Oxford University Press, 2003, p.262.

51 G. H. Bennett, *Destination Normandy: Three American Regiments on D-Day*, Praeger Publishers Inc., 2009, p.45.

52 Olusoga, *Black*, pp.483-484.

53 Smith, *When Jim*, p.211.

54 David Killingray with Martin Plaut, *Fighting for Britain: African Soldiers in the Second World War*, James Currey, 2010.

55 Olusoga, *Black*, p.488.

第6章

1 Ranu Samantrai, *AlterNatives: Black Feminism in the Postimperial Nation*, Stanford University Press, 2002, p.73.

2 Satnam Virdee, *Racism, Class and the Racialized Outsider*, Bloomsbury Academic, 2014, p.100. 富岡次郎『現代イギリスの移民労働者』、一四四頁。

3 Winston James and Clive Harris, eds., *Inside Babylon: The Caribbean Diaspora in Britain*, Verso, 1993, pp.21-22.

4 David Kynaston, *Austerity Britain, 1945-51*, Bloomsbury, 2007, p.274.

5 Jo-Anne Lee, John Lutz, *Situating 'Race' and Racisms in Space, Time, and Theory: Critical Essays for Activists and Scholars*, McGill-Queen's University Press, 2005, p.49.

6 James and Harris, eds., *Inside Babylon*, p.23; Olusoga, *Black*, p.494.

7 富岡次郎『現代イギリスの移民労働者』、一一四頁。

8 Lee Allyn Davis, *Natural Disasters: from the Black Plague to the Eruption of Mt. Pinatubo*, Facts on File, 1992, p.276.

9 Roger Daniels, *Guarding the Golden Door: American Immigration Policy and Immigrants since 1882*, Hill and Wang, 2004, p.120.

10 Kathleen Paul, *Whitewashing Britain: Race and Citizenship in the Postwar Era*, Cornell University Press, 1997, p.132.

11 Ceri Peach, *The Caribbean in Europe: Contrasting Patterns of Migration and Settlement in Britain, France and The Netherlands, Research Paper in Ethnic Relations* No.15, October 1991.

12 Peter Hennessy, *Having it So Good: Britain in the Fifties*, Penguin, 2007, p.274.

13 James, 'The Black Experience', pp.370-371.

14 TNA: CO 1028/22, Draft Report of Working Party on Coloured People Seeking Employment in The United Kingdom, 17 December 1953.

15 Olusoga, *Black*, p.500.

16 Olusoga, *Black*, p.511.

17 Malcolm Pearce and Geoffrey Stewart, *British Political History, 1867-2001: Democracy and Decline*, Routledge, 2002, p.483.

18 富岡次郎『現代イギリスの移民労働者』、二三六〜二三七頁。

19 *The Times*, 4 August 1948.

20 Paul Gilroy, *There Ain't No Black in The Union Jack*, Hutchinson, 1987［ポール・ギルロイ『ユニオンジャックに黒はない——人種と国民をめぐる文化政治』田中東子、山本敦久、井上弘貴訳、月曜社、二〇一七年］, p.99.

21 Paul, *Whitewashing Britain*, p.132.

22 Diane Frost and Richard Phillips eds., *Liverpool'81: Remembering the Riots*, Liverpool University Press, 2011, p.32.

23 富岡次郎『現代イギリスの移民労働者』、六六六〜六六七頁。

24 Jane Morton ed., *Recent Research on Services for Black and Minority Ethnic Elderly People*, Age Concern Institute, 1993, p.7.

25 Karl Atkin and Janet Rollings, *Community Care in a Multi-Racial Britain: A Critical Review of the Literature*, HMSO, 1993, pp.7-9.

26 Catherina Pharoah, *Primary Health Care for Elderly People from Black & Minority Ethnic Communities*, HMSO, 1995, p.4.

27 Jonathan Barker, *Black and Asian Old People in Britain: First Report of a Research Study*, Age Concern Research Unit, 1984, pp.3-4.

28 Barker, *Black*, pp.3-4, p.5, 10, 11, p.21, Table XII and XIII, p.22, Table X, pp.25-26.

29 Janet Askham, 'Health and Social Services Provision: (1) The Service Providers', in Morton ed., *Recent*; Askham, 'Health and Social Services

Provision: (2) Potential Users among Black and Minority Ethnic Elderly People', in Morton ed., *Recent*.

30 Rozina Visram, *Asians in Britain: 400 Years of History*, Pluto, 2002, pp.3-33, 54-57.

31 エマニュエル・トッド『移民の運命――同化か隔離か』石崎晴己、東松秀雄訳、藤原書店、一九九九年、一六一〜一六二頁。

32 パナイー『近現代イギリス移民の歴史』、一七五〜一七七頁。

33 https://www.britannica.com/biography/Rishi-Sunak

34 https://www.britannica.com/biography/Humza-Yousaf

35 https://www.britannica.com/biography/Sadiq-Khan

36 たとえばレスターに関しては、佐藤清隆「多民族都市レスターの歴史と文化――シク教徒の世界」『明治大学人文科学研究所紀要』第五七冊、二〇〇五年、参照。

37 沢村亙「日曜に想う」『朝日新聞』二〇二三年一〇月一日、朝刊。

38 https://www.theguardian.com/world/2001/apr/19/race.britishidentity

終章

1 パナイー『近現代イギリス移民の歴史』、一五六頁。

2 トッド『移民の運命』、一八五〜一八七頁。

3 Olusoga, *Black*, pp.27-28, 502-504, 517-518, 521, 525.

4 以上の数値はすべて以下を参照。https://www.ons.gov.uk/peoplepopulationandcommunity/culturalidentity/ethnicity/bulletins/ethnicgroupenglandandwales/census2021

5 『朝日新聞』二〇二三年一二月一〇日、二〇二四年六月一九日。

6 アンジェラ・サイニー『科学の人種主義とたたかう――人種概念の起源から最新のゲノム科学まで』東郷えりか訳、作品社、二〇二〇年。

7 Anthony H. Richmond, *The Colour Problem*, Pelican Books, 1955, p.240; Mike Phillips and Trevor Phillips, *Windrush: The Irresistible Rise of Multi-racial Britain*, HarperCollins, 1998, p.87.

8 Michael Banton, *White and Coloured: The Behaviour of British People Towards Coloured Immigrants*, Cape, 1959, p.203.

9 https://www.youtube.com/watch?v=4As0e4de-rI

10 https://www.bbc.com/news/uk-62123886

平田雅博（ひらた・まさひろ）

一九五一年青森県生まれ。東京大学文学部卒業。東京都立大学大学院人文科学研究科博士課程退学。愛媛大学法文学部助教授、青山学院大学文学部史学科教授などを経て、現在、青山学院大学名誉教授。著書に、『イギリス帝国と世界システム』『内なる帝国・内なる他者――在英黒人の歴史』『ウェールズの教育・言語・歴史――哀れな民、したたかな民』『ブリテン帝国史のいま――グローバル・ヒストリーからポストコロニアルまで』（以上、晃洋書房）、『英語の帝国――ある島国の言語の１５００年史』（講談社選書メチエ）、共著に、川北稔編『知の教科書　ウォーラーステイン』（講談社選書メチエ）、共編著に、『近代ヨーロッパを読み解く――帝国・国民国家・地域』（ミネルヴァ書房）、『帝国・国民・言語――辺境という視点から』『言語、文化の狭間で――歴史における翻訳』（以上、三元社）、共訳書に、R・フィリプソン『言語帝国主義――英語支配と英語教育』（三元社）、D・アーミテイジ『思想のグローバル・ヒストリー――ホッブズから独立宣言まで』（法政大学出版局）、C・A・ベイリ『近代世界の誕生――グローバルな連関と比較１７８０―１９１４』（上・下、名古屋大学出版会）、D・アーミテイジ『〈内戦〉の世界史』（岩波書店）などがある。

黒い(くろ)イギリス人(じん)の歴史(れきし)

忘(わす)れられた2000年(ねん)

二〇二五年　四月　八日　第一刷発行

著者　平田雅博（ひらた　まさひろ）

©Masahiro Hirata　2025

発行者　篠木和久

発行所　株式会社　講談社
東京都文京区音羽二丁目一二―二一　〒一一二―八〇〇一
電話（編集）〇三―五三九五―三五一二
　　（販売）〇三―五三九五―五八一七
　　（業務）〇三―五三九五―三六一五

KODANSHA

装幀者　奥定泰之

本文データ制作　講談社デジタル製作

本文印刷　株式会社新藤慶昌堂

カバー・表紙印刷　半七写真印刷工業株式会社

製本所　大口製本印刷株式会社

定価はカバーに表示してあります。

ISBN978-4-06-539325-3　Printed in Japan　N.D.C.233　251p　19cm

講談社選書メチエの再出発に際して

講談社選書メチエの創刊は冷戦終結後まもない一九九四年のことである。長く続いた東西対立の終わりはついに世界に平和をもたらすかに思われたが、その期待はすぐに裏切られた。超大国による新たな戦争、吹き荒れる民族主義の嵐……世界は向かうべき道を見失った。そのような時代の中で、書物のもたらす知識が一人一人の指針となることを願って、本選書は刊行された。

それから二五年、世界はさらに大きく変わった。特に知識をめぐる環境は世界史的な変化をこうむったとすら言える。インターネットによる情報化革命は、知識の徹底的な民主化を推し進めた。誰もがどこでも自由に知識を入手でき、自由に知識を発信できる。それは、冷戦終結後に抱いた期待を裏切られた私たちのもとに差した一条の光明でもあった。

その光明は今も消え去ってはいない。しかし、私たちは同時に、知識の民主化が知識の失墜をも生み出すという逆説を生きている。堅く揺るぎない知識も消費されるだけの不確かな情報に埋もれることを余儀なくされ、不確かな情報が人々の憎悪をかき立てる時代が今、訪れている。

この不確かな時代、不確かさが憎悪を生み出す時代にあって必要なのは、一人一人が堅く揺るぎない知識を得、生きていくための道標を得ることである。

フランス語の「メチエ」という言葉は、人が生きていくために必要とする職、経験によって身につけられる技術を意味する。選書メチエは、読者が磨き上げられた経験のもとに紡ぎ出される思索に触れ、生きるための技術と知識を手に入れる機会を提供することを目指している。万人にそのような機会が提供されたとき初めて、知識は真に民主化され、憎悪を乗り越える平和への道が拓けると私たちは固く信ずる。

この宣言をもって、講談社選書メチエ再出発の辞とするものである。

二〇一九年二月　　野間省伸

講談社選書メチエ　社会・人間科学

MÉTIER

日本語に主語はいらない　金谷武洋
テクノリテラシーとは何か　齊藤了文
どのような教育が「よい」教育か　苫野一徳
感情の政治学　吉田　徹
マーケット・デザイン　川越敏司
「社会（コンヴィヴィアリテ）」のない国、日本　菊谷和宏
権力の空間／空間の権力　山本理顕
地図入門　今尾恵介
国際紛争を読み解く五つの視座　篠田英朗
易、風水、暦、養生、処世　水野杏紀
丸山眞男の敗北　伊東祐吏
新・中華街　山下清海
ノーベル経済学賞　根井雅弘編著
日本論　石川九楊
丸山眞男の憂鬱　橋爪大三郎
危機の政治学　牧野雅彦
主権の二千年史　正村俊之

機械カニバリズム　久保明教
暗号通貨の経済学　小島寛之
電鉄は聖地をめざす　鈴木勇一郎
日本語の焦点　日本語「標準形（スタンダード）」の歴史　野村剛史
ワイン法　蛯原健介
MMT　井上智洋
手の倫理　伊藤亜紗
現代民主主義　思想と歴史　権左武志
やさしくない国ニッポンの政治経済学　田中世紀
物価とは何か　渡辺　努
SNS天皇論　茂木謙之介
英語の階級　新井潤美
目に見えない戦争　イヴォンヌ・ホフシュテッター　渡辺　玲訳
英語教育論争史　江利川春雄
人口の経済学　野原慎司
「社会」の底には何があるのか　菊谷和宏
楽しい政治　小森真樹